U0147199

文库

蒙文通　著

中国史学史

四川文艺出版社

图书在版编目（CIP）数据

中国史学史 / 蒙文通著 . -- 成都 : 四川文艺出版社 , 2024.1

（大家学术文库）

ISBN 978-7-5411-6833-8

Ⅰ . ①中… Ⅱ . ①蒙… Ⅲ . ①史学史—中国 Ⅳ . ① K092

中国国家版本馆 CIP 数据核字（2023）第 230856 号

中国史学史

ZHONGGUO SHIXUESHI

蒙文通　著

出 品 人　谭清洁

责任编辑　谢雨环　朱丽巧

内文设计　格林文化

责任校对　段　敏

出版发行　四川文艺出版社（成都市锦江区三色路 238 号）

网　　址　www.scwys.com

电　　话　028-86361802（发行部）　028-86361781（编辑部）

排　　版　北京格林文化传播有限公司

印　　刷　三河市三佳印刷装订有限公司

成品尺寸　150mm×230mm　　　开　本　16 开

印　　张　9　　　　　　　　　　字　数　125 千字

版　　次　2024 年 1 月第一版　　印　次　2024 年 1 月第一次印刷

书　　号　ISBN 978-7-5411-6833-8

定　　价　45.00 元

版权所有，违者必究。如有印装质量问题，请与出版社联系调换。联系电话：028-86361796

"大家学术文库"编者按

中国学术，肪自伏羲画卦，至周公制礼作乐而规模始备。其后，王官失守，孔子删述六经，创为私学，是为诸子百家之始。《庄子》曰："道术将为天下裂。"孔子殁后，儒分为八；墨子殁后，墨分为三。诸子周游天下，游说诸侯，皆以起衰救弊、发明学术为务，各国亦以奖励学术、招徕人才为务，遂有田齐稷下学宫之设。商鞅变法，诗书燔而法令明；始皇一统，儒士坑而黔首愚。当此之时，学在官府，以吏为师，先王之学，不绝如缕。至汉高以匹夫起自草泽，诛暴秦，解倒悬，中国学术始获一线生机。其后，汉惠废挟书之律，民间藏书重见天日。孝武之世，董子献"罢黜百家，表彰六经"之策，定六经于一尊。其后，虽有今古之分、儒释之争、汉宋之异、道学心学之别、义理考据之殊，而六经独尊之势，未曾移也。

及鸦片战起，国门洞开，欧风美雨，遍于中夏，诚"三千年未有之变局"。当此之时，国人震于列强之船坚炮利，思有以自强；又羡于西人之政教修明，思有以自效。于是有"变法守旧之争""革命改良之争""排满保皇之争"，而我国固有之学术传统，亦因之而起变化。清季罢科举而六经独尊之势戚，蔡子民废读经而六经独尊之势丧。当此之时，立论有疑古、信古、释古之别，学派有"古史辨"与"学衡"之争，学说有"文学革命""思想革命""文字革命""伦理革命"诸说，师法有"师俄""师日""师西"之分，众说纷纭，莫衷一是，百家争鸣，复见于近代。

民国诸家，为阐明道术、解救时弊，著书立说、授课讲学，其学术思想，历久弥新，至今熠熠生辉，予人启迪。然近人著作，汗牛充栋，多如恒河之沙，使人难免望书兴叹，不知从何下手，穷其一生，亦难以卒读。因此之故，我们特精选最具代表性之近人著作，依次出版，俾读者略窥学术门墙，得进学之阶。此次选辑出版，虽未能穷尽近人学术之精品，难免有遗珠之憾；然能示人以门径，使人借此以知近人学术规模之宏大、体系之完密，亦不失我们编辑出版"大家学术文库"之初衷。

此次出版，为适应今人阅读习惯，提升丛书品质，我们特对所选书籍做了必要之编辑加工，仍以保持各书原貌为宗旨。

然限于编者之有限学力，书中疏漏之处，在所难免，尚祈广大方家、读者诸君不吝批评斧正。

编　者
2024 年 1 月

目 录

绪　言

　　中国史籍之富，并世诸国，莫之与京。以我国土广民殷，开化最早，文献之传，百世所崇。是以记载纷纭，难可统纪。欧美列邦，建国既晚，诚不足校。即印度宿称古国，经乘浩穰，亦史缺无征。则以群希出世，其于人事陈迹，藐不关怀。中国则所尚者儒学，儒以六经为依归，六经皆古史也。祖述尧舜，宪章文武，遵先王之法，为奕世不易之规。此故志新乘所由绳绳靡绝者欤？则称中国为历史之国家可也。篇籍既博，则事宜钩要，苟徒取糟粕，尘秽简牍，而欲以穷其蕴奥难矣。窃以中国史学之盛，有三时焉，曰晚周，曰六朝，曰两宋，皆思想廓落之会也。体制革新，陈义深远，宏文迭出，名家踵武，虽汉唐盛世，未足比隆。诚以析理精莹，则论列足采；视天梦梦，则去取斯昏。故哲学发达之际，则史著日精；哲学亡而史亦废。先秦诸子，不可及也，故于时国史、家史，众制并作，灿烂足观。至汉仅经术章句之儒耳。魏晋名、法、道、墨，杂起朋兴，高谈名理，弃汉学若粪土。而干、孙之作，号五百年史例中兴，此史学之再盛也。至唐则宗教大盛，士惟知笃信谨守，于是令狐、姚、李，尚不得为记注之良，更何论于撰述，而史又衰。其在北宋，一排唐人博综之学，研精义理，超绝古今。于是司马、欧阳，前驱拥彗，逮于南宋，胜义纷陈，此史学之又一盛也。晚宋至明，而史几乎以熄。舍此三时，虽有纂述，才记注耳。记注、撰述，判若渊云，岂可同语？滥竽良史，即班述《汉书》，唐修五史，搜罗非不博，比校非不明，然漫无纪要，未睹风裁，谓之整齐故事则可，揆诸《春秋》所以为《春秋》之义，宁无歉然？爰依此旨，谨述三时，汉、唐、元、明，备之而已。清世以师资既昵，亦举大要，俾明流变。

第一章

晚周至汉

一　周代学术发展之三阶段

孟子曰："《诗》亡然后《春秋》作。"盖十五国风次第衰竭，而侯国《春秋》次第以兴。此道术迁变之一会乎？史学盖继文学而起。刘、班之伦，以为"古之王者，世有史官，左史记言，右史记事，言为《尚书》，事为《春秋》，帝王靡不同之"。若《春秋》之作，自三古而然。显背孟子之意，亦诬而已也。《墨子·明鬼》言："昔者三代圣王，尧、舜、禹、汤、文、武者，足以为法乎？"则举《大雅》《商书》《夏书》之伦以明之。叔世之鬼，举《春秋》以明之。此《春秋》编年兴于晚季之证乎！

《明鬼篇》言：

"周宣王杀其臣杜伯而不辜。"西周之季也。

"齐庄君之臣有王国里、中里徼者。"当宣、幽之世。

"郑穆公当昼日中处乎庙，有神入门而左。"当襄王、匡王之世。

"宋文君鲍之时，有臣曰祏观辜。"当匡王、定王之世。

"燕简公杀其臣庄子仪而不辜。"当敬王之世。

《墨子》论宣、幽以下之鬼，本其事于周之《春秋》、齐之《春秋》、宋之《春秋》、燕之《春秋》；郑穆公事，当本于郑之《春秋》,《墨子》书误脱之耳。共和以上,则以《大雅》《尚书》为说;共和以下,则以《春秋》为说。此非《春秋》作于《诗》亡之显证欤!

《诗》亡之时,著见于三百篇,郑氏《诗谱》亦有所论,可表见之:

宋终戴公　在宣王、平王之世。

王终庄王

齐终襄公　在庄王之时。

唐终献公　在惠王、襄王之时。

郑终文公

鲁终僖公

秦终康公

卫终文公　皆在襄王之时。

曹终共公　在襄王、顷王之时。

陈终灵公　在定王之时。

桧　　　　郑玄言当夷王、厉王之时。

魏　　　　郑玄言当平、桓之世。

就此十二国《诗》言之,明夷、厉以后,至乎顷、襄,而《诗》零落以尽。独陈之《株林》最晚,此所谓《诗》之亡也。而司马迁叙周秦本纪、诸侯世家,其有年数可征,然皆不甚早。各国纪年所始,其《春秋》编年次第以作之时乎!班固言:"《春秋》《殷历》皆以殷、鲁自周昭王以下无年数。"《周本纪》自厉王始有年。《燕世家》则曰:"自召公以下九世至惠侯,燕惠侯当厉王奔彘共和之时。"《晋世家》言:"靖侯以来,年纪可推。自唐叔至靖侯,五世无其年数。靖侯十七年,厉王出奔于彘。"晋之五世不知年数,而其君尚可知;燕之九世,并其君不知也。则燕之《春秋》作始又晚。详考《史记》诸国始纪之年,其侯国《春秋》始作之年乎?则正接《诗》亡之际也。可表明之:

齐自献公,有九年,而武公,其十年入共和。

秦自秦侯,有十年,而公伯,有三年,而秦仲,其四年入共和。

卫自顷侯，有十二年，而釐侯，其十四年入共和。

蔡武侯

曹夷伯

陈幽公

宋釐公

楚熊勇　皆当共和之世始有年数。

上列各国多者二十三四年入共和，少者十数年或六七年入共和，而列邦之年始可具知。《陈杞世家》言："杞谋娶公当周厉王时。"谋娶公而武公始有年，则又或在共和后也。斯则诸国《春秋》之起，皆在共和前后之时。惟鲁独早，岂以礼文备物故耶？郑以始封之晚，吴、越又绝远中国，皆不论。是《诗》尽于东周之初，而《春秋》作于西周之末，《春秋》与《诗》相代嬗，是《墨子》所论非偶，孟子之言非虚，皆囿于实事，故义无歧出，刘、班云云，正所谓非愚则诬而已。

司马迁一则曰《左氏春秋》，再则曰《春秋国语》，其实义旷世莫能解，而讼说以纷纷，斯亦右史、左史之言蔽之耳。由《韩非·奸劫弑臣篇》言之，其征引《春秋》，固即《国语》，非书言：

> 楚王子围将聘于郑，未出境，闻王病而返，因入问病，以其冠缨绞王而杀之，遂自立也。

又言：

> 齐崔杼，其妻美，而庄公通之，数如崔氏之室……崔子之徒以戈斫公而死之，而立其弟景公。

韩非上征二文，皆同于《左氏》，制比《国语》，而韩非目以"《春秋》记之曰"。此与墨子所述周、宋、燕、齐之《春秋》，体无殊致，论述详实，固即《春秋》。斯则以《春秋》与《尚书》别左右史，惟以仲尼笔削之文专《春秋》之名者隘矣。盖仲尼所定，与《左氏》《国语》并为《春秋》，不可相离。犹司马《通鉴》重以《目录》，互为表里，相待益彰。《左氏》所称"诸侯之策"，《公羊》所称"不修《春秋》"，董狐所笔，《坊记》所征，文举纲维，以系委曲，一疏一详，疏为详起也。疑于《春秋国语》《左氏春秋》之名者，不已固乎？由《国语》之实为《春秋》以论，其在孔氏《春秋》之前者，《周语》始穆王，晋始武公，郑始桓公。《左氏》记事，亦颇有前于孔氏《春秋》者。此百国《春秋》实起于共和前后之又一验也。《齐语》但记桓公，与《左氏》相应，桓公以下有齐事，由他国事及之耳。后则为记晏婴事。《郑语》惟记桓公，亦与《左氏》所记相接，庄、昭以下事，亦由他国事并及之耳。后则为子产事。吴、越同后起而雄，固无待论。《左氏》《国语》二书，若相待而不可以分。《左氏》自桓迄襄，晋三军将佐，粲然明备，惟僖二十一年蒐于清原作五军，而将佐缺如。《晋语》独于此言赵衰将新上军，箕郑佐之，胥婴将下军，先都佐之，余均未之论。《左氏》已言者，《国语》则不言，《左氏》未言者，《国语》仅于此言之，两书相足，情若剖符。岂偶然耶！《论衡·案书篇》言："《左氏》传经，辞语尚略，故复选录《国语》之辞以实。"见《国语》《左氏》初为一书，汉师离之，乃为二帙。《国语》即为《春秋》，马迁所云《左氏春秋》即所云《春秋国语》，不已明乎？《虞氏春秋》十五篇，《春秋》家又有《虞氏微传》二篇，王充所云"《左氏》解经，辞语尚略"者，倘即指《春秋》家《左氏微》二篇而言之耶？论者或偏执于文体不类、事相缪剌为辞。岂谓今之《左氏》为一体之文，严、颜所传《公羊》之本遂无出入哉？知《国语》之实即《春秋》，则"《诗》亡然后《春秋》作"者，实国风之变而为《国语》，《国语》又从而出其纪纲大端，以为事目，孔氏依之以笔削，《春秋》之名遂为孔书所专，而《国语》反不得以《春秋》许之也。

刘知几言："赵鞅，晋之一大夫尔，犹有直臣书过，操简笔于门下。田文，齐之一公子尔，每坐对宾客，侍史记于屏风。"诸侯之国史既盛，至是而大夫之家史又起也。《左氏》书于春秋之末，晋以叔向、齐以晏婴、郑以子产，大夫之记载綦详，而诸侯之记载翻略。是家史盛而国史又衰，此非学术之又一变乎！晏婴书名

《春秋》，始见《史记》，昔贤固尝疑之。然史迁言："虞卿著书，曰《节义》《称号》《揣摩》《政谋》。……凡八篇，以刺讥国家得失，世传之曰《虞氏春秋》。"此亦何与刘、班右史记事之旨。况《十二诸侯年表》所论，复有铎椒、吕韦；《艺文》所志，复有李氏，皆名《春秋》，而书在九流，胥所谓一家之言，事与孔经绝远。而衡以《国语》为《春秋》之义，斯众家之篇，比于《左》《国》。则《春秋》之目，实得其宜。殆诸侯之史曰"国语"，"国语"，《春秋》也。大夫之史曰"家语"。"家语"，亦《春秋》也。此秦焚篇章，《诗》《书》百家语有禁，史迁亦曰"百家杂语"。诸子书曰家语，曰百家，是固由大夫之史，沿"国语"之号转变而来。则晏子辈之《春秋》，谓之《晏子家语》可。《孔子家语》，名始见《严氏春秋》，谓之《孔子春秋》亦可。孟、荀、庄、韩之书，皆应以家语、以春秋名，割裂之久，遂莫悉其源。疑所不必疑，而继以辩所不必辩，岂不悖哉？秦禁百家之书，推其说于"往者诸侯并作语"，其烧《诗》《书》，亦以"诸侯史记尤甚"，此家语、国语事之一贯。《左氏》书末，独详晏婴、子产，殆又以家语续国语，而统为《春秋》。《诗》亡然后《春秋》作，其流之广若是。家史既盛，谨于一人之言，则史学衰而哲学兴，故曰此学术之又一变也。奚言乎史学至是而衰也。《国语》《左氏》述事周悉，至战国则缺略谬误，惟纵横长短之说是纪。上视《国语》《左氏》，瞠乎其后。若曰刘向辑书，惟限《国策》，刊落盖多，是又不然。马迁述史，远在子政之先，所取战国之事，岂不囿于刘氏所录？是非子政之咎审矣。若曰焚书以往，所存已鲜，刘、马所睹，皆未得全，斯又不然。《六国年表》言："独有《秦记》，又不载日月，其文略不具，然战国之权变，亦有可颇采者。"秦之史为然，诸侯之史谅亦如斯。文略不载日月，惟有权变，是刘、马所窥，《国策》所著，一代之史，固若是耳。岂非史之衰乎？是西周之初，文学为盛，而史即寓乎文。若孟、墨之引《太誓》，孔子之引《夏书》，皆属韵文。墨征《大雅》，亦云《周书》。此皆史之初寄乎《诗》，《国语》兴则史离《诗》而独立也。《左》《国》所述，名理实繁，此哲学之初寄乎史；家语作，则哲学又离史学而独尊。此周代学术转变之阶段也。《左》《国》所采者广，上接乎《书》，下及乎子，若晏婴，若叔向，若子产；又旁收短书小记，若《师春》，若梓慎、裨灶之倳，不可胜论，所取既博，而事若丛书也。子政所校曰中秘书，曰臣某书、太史书、太常书，即诸子之篇，亦参互杂出，非成一手。《左》《国》同异，岂遂鸿沟之不可合耶？以《越绝》一编言之，胡应麟、洪颐煊诸家，以《内纪》八篇即杂家之《伍子胥》书，东汉文士，盖又取他书附益之。是《子胥》一书，比于《晏子》，特偶不见取于《国语》，后合他书为《越绝》以孤行。而《越语》下者，则又取异篇以合于此，事可识也。《晏子春秋》，刘向所见诚非一本，又或见《左氏》之中，或出《左氏》之外，明《左》之所见亦未必全，而他书言晏子则更夥矣。《国策》言三家分晋，于《赵策》之第二章，即取之《韩非·十过》，与第一章事颇不同。此言智过，而彼谓郗疵，亦与《魏策》不侔；此言赵葭、魏宣子事，而彼谓任章、魏桓子，此为取之《十过》，知彼三策之首言分晋事，谅又别出一书。《左氏》下及鲁悼、智伯之诛，顾遗此简，《国策》得而录之。然分晋后几百年无所纪，独《魏策》纪文侯、武侯事，似即据儒家之《魏文侯》六篇。纵横家苏、张之书，当亦在焉。若刘向所据曰《国策》，曰《国事》，曰《短长》，曰《事语》，曰《长书》，曰《修书》。是《左》《国》《国策》《越绝》，并为丛书。即晏婴、庄周、荀卿、墨翟之书，亦莫非出于类集，奚必大、小二戴所传《礼记》而后出于缀集哉？乃《国语》成后，合众录为一家之书，自《左传》别出，又离一编为二体之作，分合迁讹，真遂不显，而异论以滋起也。

二 论《尚书》之传写与体例

余于《左氏》之引《尚书》，而知《尚书》之必出于春秋之前。周世成均之儒，固尝变易其文而存其意，事或邻于象胥也。何以言之？《左》《国》恒引虞、夏、商、周之书，文同汉师所传，则汉之《尚书》，其必为春秋以前之书，无足疑也。训诂改字，或文小殊，亦未足论。乃有意则似而文绝不侔者，何耶？《康诰》曰："子弗祗服厥父事，大伤厥考心。于父不能字厥子，乃疾厥子。于弟弗念天显，乃弗克恭厥兄。兄亦不念鞠子哀，大不友于弟。"此汉师之所传也。臼季则征《康诰》曰："父不慈，子不祗，兄不友，弟不恭，不相及也。"（《左氏》僖三十二年传）苑何忌则征《康诰》曰："父子兄弟，罪不相及。"（《左氏》昭二十年传）旨则犹近，文则相远，既非佚书，事同传译，仅存大意，视训诂改经又进也。其在汉世，《孝章纪》所引《书》同于臼季，《谢弼传》所引《书》同于苑何忌，岂非别为一本，至汉犹存乎？则一《康诰》之文，而周、汉之本有三，有旧书，有新起，分篇别行，事固不惑，《尚书》之滋起于后世亦审矣。若《公羊》文十二年传曰："何贤乎缪公，以为能变也。其为能变奈何？惟谍谍善诤言，俾君子易怠，而况乎我多有之。惟一介，断断焉，无他技。其心休休能有容，是难也。"征之《秦誓》，文则大殊，亦是类也。井研廖师以"《牧誓》一名《泰誓》，本名《大誓》。秦汉以前引《大誓》凡十数见，《牧誓》之名不见引用。西汉之时，别得《大誓》传说，博士合为二十九篇，遂使《牧誓》《大誓》经与传分为二篇。《孟子》《左》《国》所引《大誓》之文，西汉本无之，博士所得乃事传，《孟子》《礼记》《左》《国》诸书所引，乃今文师说也。《国语》引《大誓》，故为解释《大誓》之师说，非《大誓》原文也。《天志中》引《大誓》之道曰：'纣越厥夷居，不肯事上帝，弃厥先神祇不祀，乃曰吾有命。无廖僇务天下。'是即说经'昏弃厥肆祀弗答'之言。《非命下》引《大誓》之言殷王：'谓人有命，谓敬不可行，谓祭无益，谓暴无伤，上帝不常，九有以亡。'即解经'恭行天罚'之意。孙星衍本引《本纪》《大誓》篇云：'今殷王受，乃用其妇人之言，自绝于天。'是经'惟妇言是用'师说。又引《大誓》云：'乃断弃其先祖之乐，乃为淫声，用变乱正声，怡悦妇人。'是'妇言是用，弃祀弗答'师说。"则《大誓》惟一，又复别有周世所引之《大誓》，与西汉所得之《大誓》（马融说），则《大誓》有三，且复变《大誓》名《牧誓》也。于《禹贡》之外，复有《九共》，《尧典》之外，复有《帝诰》，杂然并起，事之显白若此。则周之《尚书》，分行既广，或先或后，章篇猬集，其非二帝三王之书而出于后儒所述无惑矣。既恒为春秋所述，谅其事或起当《诗》亡而《春秋》作之时。史为一代学术所归，《春秋》既以陈近事，复以《尚书》道往昔，故曰《尚书》。"曰若稽古帝尧"，其为由后述前之辞亦审矣。

信《尚书》者，以为斯诚三古之书。疑者曰，是固秦汉儒者所造。夫立言期于有验，岂苟而已哉？窃尝考之，《周书》曰"侯甸男邦采卫"，曰"侯甸男卫邦伯"，曰"庶邦侯甸男卫"。西周之初，何尝具五服之名？逮夫穆王，始曰："邦内甸服，邦外侯服，侯卫宾服，蛮夷要服，戎狄荒服。"及《周官·大司马》辨九服而事又不同。乃《夏书·禹贡》已列五服，义比穆王。姬周数百年间，制已三易，历虞夏千有余岁，名出一辙，事固可信乎？周制野九一而助，野人惟力田，国中什一使自赋，则出兵，则建学。若王太子、王子、群后之子，公卿大夫之适子，入大学则曰国子，司环卫则曰诸子，或庶子。农民、战士、贵族，三者阶级判然，余别于论《周官》文中详陈之也。而《尧典》曰："以亲九族，平章百姓，协合万邦，黎民于变时雍。"曰九族，曰百姓，曰黎民，三者显别，事亦符周世百姓、黎民之分。本师左庵亦尝申论之也。舜命九官，"帝曰弃，黎民阻饥，汝后稷，播时百谷"，此黎民惟事百谷也。"帝曰契，百姓不亲，五品不逊，汝作司徒，敬敷五教"，百姓则司徒教之。"帝曰夔，命汝典乐，教胄子"，胄子则典乐教之。是同《周官》司徒教六乡之士，而大司乐教国子也。《周官》《孟子》所述之制，下及白起、犀首争于战功之际，事已大变，而谓虞夏之下同周度可乎？则《尚书》之未可全信为三代之旧篇也。

《书》起春秋之前，而穆王之后，其所纪者，足以为三古之实乎？曰可。吾意乎旧之《尚书》，朴略简僿，其事倘若《夏正》《山经》。此庄子所谓"旧法世传之史"，而荀卿所谓"法则度量刑辟图籍"。至周之衰，而润色为演畅之文耳。试申言之：一曰《尧典》之言天象。曰"日短星昴","日永星火","宵中星虚","日中星鸟",此之中星，非商、周、秦、汉之天象，而唐虞之天象也。《夏小正》记夏之天象事则异。《国语》言武王克殷，商周间之天象，事则异，《吕氏春秋》言秦之天象，事则异。《尧典》之记中星，非文起唐虞，乌能不爽如此。吕氏之时，历法不知古今天象不同，故言"黄帝作刻漏，仲春之月日在奎"，则以秦之天象，说唐虞以往之天象，故事大悖谬。郑玄亦不解此，故注《尧典》不免乖误。以于时中国历学，尚未足以明此也。苟《尧典》所记为后人推知，则《书》非起汉后不可。《夏小正》等，亦莫不然。儒者固未有以《尚书》为出汉后者也。二曰《尧典》之言官制。《尧典》所明，天子命九官、十二牧，必咨之四岳；禅让必咨之四岳；治水，政之大者，必咨之四岳。四岳者，四方诸侯之长，居中央共天子理万机者也。次则内有九官分掌庶事，外有八伯以率诸侯。十二牧则天子大夫，使于十二州以监诸侯者也。其内外相维如此。亚于天子惟四岳，而权势最重。此见诸侯政治地位之高。"钦四邻"，则不在中央政治组织之内，若天子私人之徒友耳。《书传》曰："天子必有四邻，前曰疑，后曰丞，左曰辅，右曰弼，其爵视卿，其禄视次国之君。"盖比于汉武之有严助、朱买臣、吾丘寿王之徒，惟近昵天子，居中以与九卿图论治道耳。《洛诰》曰"乱有四辅"，即四邻也。《文王世子》言："虞、夏、商、周，有师保，有疑丞，设四辅及三公。"唐虞惟有四邻，周则惟有三公。盖历夏商而四辅变易为三公，昔之地亲而位卑，后则秩尊而势重。四岳易而为二伯，周召之侪，入为三公，出为二伯。是以四邻之人，当四岳之任，于是天子益尊、诸侯益轻也。九官变为六官，十二牧变为三监，监于方伯之国，《郑志》释《左传》五侯九伯，谓州有一侯二伯，则周有十八伯，为五十四监，复有命卿。天子之所以制诸侯者益密。虞夏殷周历久，而内外之势变易若此其剧。惟唐虞之情则然，是以有唐虞之制，其不与周同若此。虽后人以周制说司徒、后稷、典乐为巨失，而四岳、九官、十二牧、八伯、四邻，其为唐虞之旧不可诬也。三曰《禹贡》之言山川。夫《职方》为西周之书，其山川薮泽已不同于春秋战国之情。若《禹贡》之事，又异《职方》。由《禹贡》《职方》《尔雅·释地》比类而观，其显示之地理知识各不同，而中国地域次第发达之情可察也。原《禹贡》之书，疏谬实多，而详实者，仅由渭入河、由河出济，东西一线耳。于雍州则详于雍南渭水一道，于豫州则详于豫北滨河一道，于兖州则详于兖南滨济一道，于徐州则详于徐北亦滨济一道。道山道水，则情更显然。于沿渭北之山也，则详。于沿南河之山也，则详。而东河一道之山，则略。于渭南河南之山也，则详。至道水之文，于西河也，则略。于南河也，则详。而东河也，则略。道渭、道沈、道沇，则详。道江、道漾、道淮，则略。其曰："道黑水，至于三危，入于南海。"则妄也。道漾则东为北江，道江则东为中江，此固何说乎？曰："桐柏至于陪尾。"陪尾，泗出也，此固何说乎？"岷山之阳，至于衡山，过九江，至于敷浅原。"此固何说乎？于荆州曰："沱、潜既道。"于梁州亦曰："沱、潜既道。"岂以荆之沱、潜即梁之沱、潜耶？梁之东、荆之西，诚非《禹贡》所能详矣。渭济东西一线，潍、淄、雍、沮、漆、涧、酆水，其细已甚，则录之。荆、岐、梁山、大伾，其细已甚，则录之。盖《禹贡》所详者，即汉族肩摩毂击之邦；其略者，则民居以寡；其乖误者，则人迹罕经，徒有传闻焉耳。此《禹贡》时代之情形也。《职方》则开拓已广，自汾、潞、涞、易、弦蒲、扬纡、虖池、会稽、医无闾、昭余祁之属，皆《禹贡》之所不见，盖于周已为民庶耕牧之乡。《禹贡》所略者，《职方》已能详，《禹贡》所误者，《职方》独不误。春秋战国所记，则山川益备，岂非时愈后而开化益远乎？是《禹贡》之地理知识，决不得为周代之地理知识。余于论《禹贡》文中，已详言之也。即此三证，《尚书》根实出自三古可明。周人依其朴略之文，润色为条达之篇，演畅敷陈，而讹文以滋起矣。

墨子之征"文王在上，於昭于天"，而曰《周书·大雅》，岂《大雅》之为《书》欤？孟子之引《大誓》曰："我武惟扬，侵于之疆，则取于残，杀伐用张，于汤有光。"此韵文也。墨子之引《大誓》曰："天有显德，其行甚章，为鉴不远，在彼殷王。谓人有命，谓敬不可行，谓祭无益，谓暴无伤，上帝不常，九有以亡，上帝不顺，祝降其丧。"此韵文也。《左氏》征孔子引《夏书》曰："惟彼陶唐，帅彼天常，有此冀方，今失其行，乱其纪纲，乃灭而亡。"此韵文也。岂《书》之与《诗》，初无二致，所谓衍之畅之，敷陈润色者，为据《诗》而作耶？《诗》则亡而《书》以兴，墨子以《大雅》为《周书》也可，孔、孟征《书》即《诗》也亦可。孔子曰："吾犹及史之阙文也，有马者借人乘之，今亡矣乎？"阙文之史，谅即三古之书。《尚书》既兴而阙史渐废，及孔子而零落尽矣。孔子语宰予曰："五帝用记，三王用度。"记、度即所谓阙史者乎？荀卿亦云："三代虽亡，治法犹存。"大史终古出图法以奔商，内史向挚载图法以之周，孙伯黡司晋之典籍，而大史屠余以晋之图法归周，王子朝又奉周之典籍以奔楚，吴师入郢，蒙谷又负离次之舆以浮于江，而逃于云梦之中。阙文之史，离次之典，数百年间，历历如是，周人所言三古之事，而可以为无所据而然耶？史公据《世本》言夏商世系最明，校以殷墟龟契所著先王先公，事固不爽，《尚书》所述，岂虚构无实哉？

朱晦庵跋袁枢《通鉴纪事本末》曰：

> 《春秋》编年通纪，以见事之先后。《书》则每事别记，以具事之首尾。意者史官于事之大者，则采舍而别记之。若二典所记，上下百有余年。而《武成》《金縢》诸篇，其所记载，或更月，或历数年。左氏既依经作传，复为《国语》，国别事殊，或越数十年而遂其事，盖亦近《书》体，以相错综云尔。司马温公述《资治通鉴》，今袁机伸作为此书，其部居门目，始终离合之间，又皆曲有微意，其亦《国语》之流矣。

以袁书为推本《国语》《尚书》，明《书》为纪事本末一体所由仿。章实斋论之详矣，而义实本之晦庵。实斋《书教篇》圆神之说，所以赞《尚书》者陈旨深远。而刘知几乃讥"尧、舜二典，直序人事，《禹贡》一篇，唯言地理，《洪范》总述灾祥，《顾命》都陈丧礼，兹亦为例不纯者也"，子玄岂知此固《尚书》之所以为《尚书》者乎？夫命官、天象、地理诸端，是正马、班书志之由仿。殷人以救野莫如敬，而小人之失鬼，故后史之符瑞、五行诸志可不作，而殷之《洪范》不录，则无以明殷之为殷。周人之教以文，三百三千，礼莫重于丧祭，后史之舆服、礼仪诸志可不作，而周之《顾命》不录，则无以明周之为周。况天官、河渠、地理、百官之传，倘阙焉不著，而谓足以备一代之文献哉？荀氏《汉纪》以来，备著书志之事。自孙之翰、司马光而后，编年之体，始惟取纪传以为文。袁氏因之，典制遂阙。此后世纪事本末一体，所由不足尽《尚书》之恢宏而即于隘，则因刘氏之瞀谈，翻足以补朱子之宏论者也。

三　晚周史学三系

传统史学，本于儒家。马迁言："载籍极博，犹考信于六艺，《诗》《书》虽缺，然虞夏之文可知也。"儒家所传，以尧、舜、伊、周为圣智，以桀、纣、幽、厉为昏虐，而求之故记，则事或未然。绎诸驳说奇文，往往自同条贯，若六籍之外，别有异史可稽。至韩非所陈，更无一非孟子所谓"野人之语"，而"好事者为之也"。非子且进而诋儒者之传，以申己说。则古史定谳，几不可能。而各家持说殊异之由，亦未易解。近代今文家者流，则创为托古改制之说，以为上古茫昧，唐虞以降，悉孔氏虚构为说。凡古之明君贤相，皆邻于乌有子虚。然《左传》《国语》，今文家所斥为非孔子之徒者也，《左》《国》陈古事，而能同于孔氏者何耶？是其说又未易通也。愚以偶读《天问》，观其叹惜往迹，方之韩、孟，意又不同。王逸言："屈原见楚有先王之庙，及公卿祠堂，图画天地山川神灵，琦玮僪佹，及古圣贤怪物行事，因书其壁，呵而问之。"然后明《天问》所陈，皆本于楚人相传之史。《山海经》与《天问》相表里，将亦楚人之书。陆德明言《庄子》书："凡诸巧杂，十分有三，言多诡诞，或似《山海经》，或类占梦书，注者以意去取。"陆氏固见五十二篇之书，说有征信。《庄子》文同《山经》，则其所秉者，谅又为楚人之说，此南方所传之史自为一宗耶？孔氏六经虽与诸子差异，未尽情实，而《左传》《国语》固不属洙泗之徒，而与《诗》《书》符一者，傥鲁人之传实然耶？则非孔氏一人所能臆构三古之事也。汲郡古文，发自魏冢，其云舜囚尧，复偃塞丹朱，益干启位，夏年多殷，说独符于韩非，则又三晋之传实然耶？儒非墨，墨非儒，若冰炭之不同器。而墨子述古事，皆大异于韩非，而悉同于孔孟，岂非以鲁人之故而同自一本耶？故书传记之陈古史，驳文虽多，要不出此三系。诚以鲁人宿敦礼让，故说汤、武俱为圣智；晋人宿崇功利，故说舜、禹皆同篡窃；楚人宿好鬼神，故称虞夏极其灵怪。三方称道古史不同，当即原于三方之思想各异，孟子言："晋之《乘》，楚之《梼杌》，鲁之《春秋》。"殆即显示史为三派，非苟而已。考论周秦诸子，派别统系，群言淆乱，分合靡准。诚以言义理则人有出入，难可据依，由史而言，则事有定质。推此三派，则于晚周学术亦可准此辨之。非徒明史，复足以探诸子源流，斯亦彼时文化之大限也。爰比辑异说以为质验。

（一）伊尹

[东系] 万章问曰："人有言，伊尹以割烹要汤，有诸？"孟子曰："否，不然，伊尹耕于有莘之野，而乐尧舜之道焉。汤三使往聘之，故就汤而说之以伐夏救民。"

[北系]《韩非·难言》："汤至圣也，伊尹至智也，夫以至智说至圣，然且七十说而不受，身执鼎俎为庖宰，昵近习亲，汤乃仅知其贤而用之。"

[南系]《天问》："成汤东巡，有莘爰极，何乞彼小臣，吉妃是得？""水滨之木，得彼小子，夫何恶之，媵有莘之妇？"《吕氏春秋》盖即依此为说。其《本味篇》曰："有侁氏女子采桑，得婴儿于空桑之中，献之其君，察其所以然，曰：'其母居伊水之上，孕，梦有神告之曰："臼出水而东走，毋顾。"明日，视臼水出，告其邻，东走十里，而顾其邑尽为水，身因化为空桑。'故命之曰伊尹。伊尹

长而贤，汤闻，使人请之有侁氏，有侁氏不可。伊尹亦欲归汤，于是请取妇为婚，有侁氏喜，以伊尹为媵送女。汤得伊尹，设朝而见之，说汤以至味。"

伊尹就汤之事惟一，孟子、韩非、《天问》三系之说不同。由韩非之说，足证万章所问之有自，而孟子必辟之。《天问》之说固又自不同，而《吕览》杂家即取以为说。若《墨子》言："汤将往见伊尹，令彭氏之子御，彭氏之子曰：'伊尹，天下之贱人也。君欲见之，亦令召问焉，彼受赐多矣。'"汤逐黜彭氏之子，则孟子说伊尹耕于有莘，惟《墨子》意与之合，以同为邹鲁之说也。然孟子说伊尹五就汤，五就桀，治亦进，乱亦进，圣之任者，则非躬耕之人也，割烹之说，不几可信欤！

（二）太公

[东系]《孟子》曰："太公避纣，居东海之滨，闻文王作，兴曰：'盍归乎来，吾闻西伯善养老者。'"

[北系]《韩非·喻老》言："文王举太公于渭滨。"《吕氏春秋》即据韩非一派为说，曰："太公望，东夷之士也，欲定一世而无其主，闻文王贤，故钓于渭滨以观之。"《齐世家》："太公以鱼钩奸周西伯。"

[南系]《离骚》言："吕望之鼓刀兮，遭周文而得举。"《天问》："师望在肆昌何识？鼓刀扬声后何喜？"

太公文王之事，孟、韩、屈子三家之说又不同，或谓之屠，或谓之钓，或谓之隐士。《尚书大传》言："散宜生、闳夭、南宫括三子者学于太公，太公见三子知为贤人，遂与三子见文王于羑里。"伏生齐人之传，故说与孟子合。《史记》范雎说秦王曰："吕尚之遇文王也，身为渔父，而钓于渭滨耳。"范雎魏人，故与韩非合，以同为三晋之传也。

（三）傅说

[东系]《孟子》曰："傅说举于版筑之间。"《墨子》："傅说被褐带索，庸筑乎傅岩。"

[北系]韩非言："傅说转鬻。"

[南系]《庄子》："夫道无为无形，傅说得之以相武丁，奄有天下，乘车维，骑箕尾，而比于列星。"

三系说傅说事意义不同，惟《墨子》与《孟子》合。

（四）伯夷

[东系]《孟子》："伯夷，圣之清者也。""不立于恶人之朝，不与恶人言。立于恶人之朝，与恶人言，如以朝衣朝冠坐于涂炭。"孔子曰："伯夷、叔齐饿于首阳之下，民到于今称之。"

[北系]《韩非》曰："伯夷以将军葬于首阳之下。"而将军之说，惟《汲冢书》意与之符。《绎史》引《汲冢书》曰："伯夷、叔齐隐于首阳山，或告伯夷、叔齐曰：'胤子在郡，父师在夷，奄孤竹而君之，以夹燠王烬，商可复也。'"

[南系]《天问》曰："惊女采薇鹿何祐？"《古史考》言："夷、齐采薇而食，野有妇人谓之曰：'子义不食周粟，此亦周之草木也。'于是饿死。"《列士传》言："二人遂不食薇，经七日，天遣白鹿乳之，得数日，夷、齐私念此鹿肉食之必美。鹿知其意，不复来。二子遂饿而死。"《古史考》《列士传》正释此《天问》之说，王逸《章句》与之略同。

（五）伯鲧

[东系]《鲁语》展禽云："鲧障洪水而殛死。"与舜勤众事而野死、稷勤百谷而山死并举，皆以为有功德于民。《史记》云："流共工于幽陵，以变北狄；殛鲧于羽山，以变东夷。"则鲧非以罪死也。

[北系]《晋语》曰季曰："舜之刑也殛鲧。"《韩非子》说："尧举兵而诛杀鲧于羽山之郊，流共工于幽州之都。"则鲧以罪死也。

[南系]《天问》言："永遏在羽山，夫何三年不施？"又言："鸱龟曳衔，鲧何听焉？化为黄熊，巫何活焉？"《吕氏春秋·行论》言："尧以天下让舜，鲧怒甚猛兽，欲以为乱。比兽之角，能以为城，举其尾，能以为旌。以患帝舜，于是殛之于羽山，剖之以吴刀。"

《左氏》季文子曰："舜臣尧，流四凶族，投诸四裔，以御魑魅。"此史迁说之所本，与柳下惠同，皆鲁人之说。

（六）尧舜

[东系] 咸丘蒙曰："语云：盛德之士，君不得而臣，父不得而子。舜南面而立，尧帅诸侯北面而朝之，瞽瞍亦北面而朝之。舜见瞽瞍，其容有蹙。孔子曰：于斯时也，天下殆哉岌岌乎！"孟子曰："否，此非君子之言，齐东野人之语也，尧老而舜摄也。"

[北系]《韩非子·忠孝》："《记》曰：舜见瞽瞍，其容造焉。孔子曰：当是时也，危哉，天下岌岌，有道者父固不得而子，君固不得而臣也。"《吕氏春秋》说："尧传天下于舜，身请北面而朝之。"

咸丘蒙之所问，正韩非所称之《记》，而孟子则斥为野人之语者，《吕氏春秋》亦与咸丘蒙所问同，知亦北方之史。

[东系]《孟子》曰："尧崩，三年之丧毕，舜避尧之子于南河之南。""舜崩，三年之丧毕，禹避舜之子于阳城。""禹崩，三年之丧毕，益避禹之子于箕山之阴。"

[北系]《汲冢古文》云："昔尧德衰，为舜所囚。"又云："舜囚尧，复偃塞丹朱。"盖囚尧、偃朱二城，是南河之南处也。又云："益干启位，启杀之。"《韩非子·难三》："夫尧之贤，六王之冠也，舜一从而咸包，而尧无天下矣。"《说疑》："舜逼尧，禹逼舜，汤放桀，武王伐纣。"《忠孝》言："瞽瞍为舜父，而舜放之。象为舜弟，而舜杀之。妻帝二女，而取天下。"《外储说右下》言："禹爱益而任天下于益，已而以启人为吏。及老而传天下于益，而势重尽在启

也。已而启以友党攻益而夺之天下。"《汲冢古文》言："益干启位，启杀之。"

　　［南系］《庄子》言："尧让天下于许由，许由曰：予无所用天下为。""又让天下于子州支父，子州支父曰：我未暇治天下也。""舜以天下让北人无择，北人无择因自投于清泠之渊。""舜以天下让石户之农，石户之农夫负妇戴携子以入于海。"

　　《墨子·尚贤》云："昔者尧举舜于服泽之阳，授之政，天下平。禹举益于阴方之中，授之政，九州成。"《墨子》说尧禹举贤，与《孟子》合，鲁人自相同也。《汲冢》魏书，与《韩非》合，三晋自相同也。《庄子》南方之说，故与东方、北方之说意皆不同。

（七）上古年代

　　［东系］《孟子》曰："由尧舜至于汤，五百有余岁。由汤至于文王，五百有余岁。由文王至于孔子，五百有余岁。"又曰："由周而来，七百有余岁也。"《三朝记》言："禹崩，十有七世乃有末世孙桀。成汤卒崩，二十二世乃有武丁。武丁卒崩，九世乃有末孙纣。"马迁、班固即本此说。

　　［北系］《韩非·显学》说："虞夏二千余岁，殷周七百余岁，而不能定儒墨之真，乃欲审尧舜之道于三千岁之前。"《汲冢古文》言："夏年多殷。"与《韩非》意合。《律历志》言张寿王治《黄帝调历》言："黄帝至元凤三年，六千余岁。"又言："化益为天子，代禹。"与《韩非》《汲冢古文》同，则黄帝至汉六千余岁之说，当亦出于三晋。

（八）至论叙古之王者，三系亦各不同

　　［东系］《子思子》言："东扈氏之时，道上雁行而不拾遗，余粮宿诸亩首。"《易·系辞》："伏羲氏通神明之德，类万物之情。"此亦仁智之说也。

[北系]《商君·画策》言:"昔在昊英之世,以伐木杀兽,人民少而木兽多。"《韩非·五蠹》言:"有巢氏构木为巢,以避群害。""燧人氏钻木取火,以化腥臊。"此亦功利之说也。

[南系]《庄子》言:"赫胥氏之时,民居不知所为,行不知所之。"《天问》:"女娲有体,孰制匠之?"此无为之说也,神怪之说也。

三方言上世之王既不同,而精神复又迥别。女娲之说,尤为重要。《风俗通义》言:"天地初开辟,未有人民,女娲抟黄土为人,剧务,力不暇供,乃引绳絙泥中,举以为人。故富贵贤智者,黄土人也;贫贱凡庸者,引绳人也。"则女娲者,南方所言人类所由始出也。人类之始,女娲制之,而女娲则孰制之哉?此屈子所为问也。王逸曰:"传言女娲人头蛇身,一日七十化。"则以女娲始以蛇身自化而为人,若曰生人之初自蛇而化成。闽、蛮皆从虫,固南方之族,人从蛇化之说。许慎言:"女蜗,古之神圣女,化万物者也。"则万物亦自女蜗化之。《淮南子·览冥》:"往古之时,四极废,九州裂,天不兼覆,地不周载,火爁炎而不灭,水浩洋而不息,猛兽食颛民,鸷鸟攫老弱,于是女娲氏炼五色石以补苍天,断鳌足以立四极,杀黑龙以济冀州,积芦灰以止淫水。天不足西北,故日月移焉;地不足东南,故百川注焉。苍天补,四极正,淫水涸,冀州平,狡虫死,颛民生。"此则女娲初辟天地之人,于时有火灾、有水灾,人类之有贵贱阶级,为自女娲而始。南方之说,固以女娲为天地万物生人之初。迄乎魏代,始有盘古之说,而女娲之说始废。

(九)汉人说古事不同,而每见其源于古之三系,以完廪浚井言之

[出东系者]《孟子》言:"瞽瞍使舜完廪,捐阶,瞽瞍焚廪。使浚井,出,从而掩之。"赵岐于注《周子》曰:"旋阶,舜即旋从阶下,瞽瞍不知其已下,故焚廪也。使舜浚井,舜入而即出,瞽瞍不知其已出,从而盖其井。"此原于邹鲁仁智之说也。

［出北系者］《史记》说："使舜上涂廪，瞽瞍从下纵火焚廪，舜乃以两笠自扞而下去。又使舜穿井，舜穿井为匿空旁出，舜既深入，瞽瞍下土实井，舜从匿空出去。"此原于三晋能力功利之说也。

［出南系者］沈约注《竹书纪年》及《宋书·符瑞志》、梁武帝作《通史》并云："使舜涤廪，二女曰：鹊汝衣裳，鸟工往，得飞去。又使浚井，二女曰：去汝裳衣，龙工往，自旁而出。"郭璞注《山海经》云："二女灵达，鉴通无方，尚能以鸟工龙裳救井廪之难。"《列女传》（《索隐》引）言："二女教舜鸟工上廪。"此皆源于楚人神怪之说也。若此之类甚多，意皆可推而明之。

四 东方前期文化与史学

谶纬之书，源于邹衍。阴阳家言，世所目为妖妄者也。然又有说焉。余尝以中国文化，起自燕齐东方滨海之区。而遂古东方王者，百家皆不能言，惟阴阳家末流谶记能言之。阴阳家固齐学，而常燕生氏以为海洋文化者也。惟海洋文化，能道海洋历史，不亦宜乎？萧仲仑氏以阴阳家为最初文化，惟最初文化能道最初历史，不亦宜乎？是故离阴阳家言，则中国之历史不得具，是又乌可废哉？初民之文化，固不离乎神教之妖妄，不妖妄，斯不得为初民之史料也。太史公言：

> 邹衍乃深观阴阳消息，而作怪迂之变，终始大圣之篇，十余万言。其语闳大不经，必先验小物，推而大之，至于无垠。先序今以上至黄帝，至天地未生，窈冥不可考而原也。先列中国名山大川，因而推之，及海外人之所不能睹。称引天地剖判以来，五德转移，治各有宜，而符应若兹。以为儒者所谓中国者，于天下乃八十一分居其一耳。其术皆此类也。然要其归，必止乎仁义节俭，君臣上下六亲之施，始也，滥耳。

此邹氏之术所以为海洋文化，其要归乎仁义节俭，此其同乎儒墨之说。先秦百家皆诋毁仁义，惟儒墨谆谆言之。儒墨皆鲁人，则仁义者诚东方学术之根干也欤？阴阳家出乎齐，亦归乎仁义，此齐鲁之学异乎他方之一大限。而阴阳儒墨不相同，则儒墨为东方之后期文化，阴阳家则东方之前期文化也，求前期历史于前期文化，将不得为巨失欤？

图谶之学，本乎阴阳，而图谶之书，则成篇盖晚。张衡言："刘向父子领校秘书，阅定九流，亦无谶录，成哀之后乃始闻之。"然则谶书之起，将何据而作乎？桓谭言："今诸巧慧小才数术之人，增益图书，矫称谶记。"则谶记为依旧之图书而作也。图书何书耶？是盖有可得而论者。《赵世家》言："昔秦缪公告公孙支与子舆曰：我之帝所甚乐，帝告我晋国将大乱，五世不安，其后将霸。霸者之子，且令而国男女无别。公孙支书而藏之，秦谶于是出矣。"《赵世家》以为"秦谶"，应劭《风俗通义》述此事则曰"秦策"。《贾生列传》言："有鸮飞入贾生舍，止于坐隅，贾生自以为寿不得长，伤悼之，乃为赋以自广，曰：异物来集兮私怪其故，发书占之兮'策'言其度，曰野鸟入处兮主人将去。"班固《贾谊传》征此文曰："谶"言其度。审是，则谶书之即策书，所谓名在诸侯之策者也。"秦策"，公孙支所书，固秦人之史耶？《大宛列传》言："初，天子发书《易》，云神马当从西北来。得乌孙好马，名曰天马。"荀悦《汉纪》十四述作："初，上发谶书，曰神马当从西北来。"《封禅书》云："（公孙）卿有札书，曰黄帝得宝鼎宛朐，问于鬼臾区，对曰：黄帝得宝鼎神策，是岁己酉朔旦冬至，得天之纪，终而复始。于是黄帝迎日推策，黄帝仙登于天。因嬖人奏之，上大说，乃召卿问。对曰：受此书申公，申公已死，齐人与安期生通，受黄帝言，无书，独有此鼎书，曰汉兴复当黄帝之时，曰汉之圣者，在高祖之孙，且曾孙也。"荀悦《汉纪》十三述此事曰："公孙卿言黄帝得宝鼎而神化登于天，谶书言汉兴当黄帝之运，汉之圣德者，在高祖之孙。"知增损图书者，即增损策书、书《易》、札书、鼎书，以为谶记也。此谶纬之所据而以为书者也。史迁据旧文言之，曰策、曰易、曰札、曰鼎，班、荀据谶记已作言之，见其文在谶，而直以谶目之耳。则谶岂无本而妄作哉？史公已言秦谶，此公孙支之所书者，非秦策而何？则谶固史之类也。庄子言（《绎史》引）："易姓而王，封泰山禅梁甫者，盖七十有二代，其有形兆垠堮者千八百余所。"管子言："古者封泰山禅梁甫，七十有二家，而夷吾所记者十有二焉。昔无怀氏封泰山禅云云，宓牺封泰山禅云云……"曰形兆垠堮，是求诸基址遗迹而得者也；曰夷吾所记，是考诸碑碣遗文而得者也。先秦之代，齐人于此已优为之，下至木简之札，铜器之鼎，殆皆谶之所由取材。以其所可知，推所不可知，增损图书，大率准此。此燕齐之学必然之事，独以语涉缪幽而惑之，是不可谓通古今之变者也。

《春秋命历叙》言："自开辟至获麟，务为十纪：一曰九头纪，二曰五龙纪。"又言："人皇九头，提羽盖，乘云车，出旸谷，分九河。"《尚书大传》言："遂人为人皇。"《洛书》言："三皇号九头纪，人皇弟兄九人。"《易通卦验注》谓："燧皇谓遂人，在伏羲前，风姓，始王天下者。"《春秋繁露》（佚文）言："三皇抵车出谷口。"

《春秋命历叙》言："皇伯、皇仲、皇叔、皇季、皇少，同姓同期，号曰五龙。皇伯登出搏桑日之阳，驾六蜚龙。次民氏没，辰放氏作，驾六蜚麟，出地郛，治二百五十岁。"宋均注曰："辰放氏，皇次屈之名也。"又言："昔辰放治世，离光次之，号曰皇覃。驾六凤凰，出地衡，在位三百五十岁。黄神氏号曰皇次，驾六蜚麋，三百四十岁。狃神氏次之，号曰皇神，出长淮，驾六蜚羊，政三百岁。五叶千五百岁。"

《命历叙》十纪之说最荒诞，然此历家之言，亦无足怪者。故或云"十纪，大率一纪二十七万六千年"，或云"二百七十六万岁"，其义一也。人皇即遂人，出旸谷，分九河。九河则古黄河下游之支流，在兖州，同为逆河，遂入于海。《尚书》言："宅嵎夷，曰旸谷。"《说文》以"嵎夷在辽西"，则旸谷即渤海，古亦谓之少海，或幼海也。故《海外东经》《大荒东经》并云："汤谷上有扶桑。"《说文》亦云："日初出东方汤谷，所登扶桑若木也。"《南史·东夷传》

慧深云："扶桑国，贵人第一者为对卢，第二者为小对卢。"而《三国志》言高丽"其官有对卢"。《旧唐书》云："高丽其官大者号大对卢。"慧深云："扶桑之俗，其婚姻则婿住女家门外，作屋，相悦乃成婚。"而《三国志》言："高丽其俗作婚姻，女家作小屋于大屋后，名婿屋。"斯皆足证扶桑之即高丽地，而于扶桑、嵎夷间求旸谷，自非渤海莫属。遂分九河，以地相接也。此纬家与仲舒皆齐学，而并以遂人始王，在渤海兖州之域也。《后汉书·东夷传》言："高句丽其国东有穴，号曰燧神，以十月迎而祭之。"燧神应即燧人之神，出自扶桑、汤谷，信可验也。此人皇九头纪之说，后又易九头为三皇，则又后起之说也。

　　五龙纪之皇伯，曰皇伯登，"出搏桑日之阳"，是亦起于渤海、高丽之地，曰"出地郭""出长淮"，是亦东方滨海之区也。（《管子·轻重戊》言："鲁削衡山之南，齐削衡山之北。"则"出地衡"者，即衡山；殆泰山山系迤东之地也。）《遁甲开山记》言："石楼山在琅邪，昔有巢氏治此山南。"是亦滨海之区。《诗含神雾》言："大人迹出雷泽，华胥履之，生宓牺。"郑氏说："雷夏，兖州泽。"是亦东方滨海之区。《左氏》以"陈为太昊之墟"。而又曰："任、宿、须句、颛臾，风姓也，实司太昊有济之祀，以服事诸夏。"风姓之裔，尚国于有济之域，则太昊起自雷夏之说不诬。而陈为太昊之墟，则其立为天子而都于是耳。《左氏》言"鲁有大庭氏之库"，是亦滨海东方之王者也。《三国志》《后汉书》以"三韩七十八国，地方四千余里，皆古之辰国也。马韩最大，共立其种为辰王"。《左氏》又言："宋为大辰之墟。"辰放犹言辰方，倘宋与三韩为古辰放之封略欤？是亦东方之国也。是古之王者，胥起于海滨，理量可信。而百家莫能明，惟阴阳家末流纬谶之书能言之。岂非最初之历史，惟最初之文化乃足以传之哉？自儒墨以下皆不能道，此余之所以谓阴阳家为东方之前期文化，所传为东方之前期历史也。曰次民氏，曰辰放氏，曰离光氏之属，自《命历叙》外，胥不见于他书。然此亦未足辨，《商君书》有昊英氏，《吕览》有朱襄氏、葛天氏、阴康氏，《管子》有无怀氏，《鹖冠子》有成鸠氏，《子思子》有东扈氏，《庄

子》有冉相氏、豨韦氏，皆无他书为之验质，又奚独于《命历叙》
而疑之。若《胠箧》一篇所记，容成、大庭、柏皇、中央、栗陆、
骊畜、尊卢之属，其名实繁。《周书·史记》列左史戎夫所论，有皮
氏、华氏、夏后、殷商、有虞、平林、质沙、三苗、扈氏、义渠、
平州、曲集、有巢、邾君、共工、上衡氏、南氏、有果氏、毕程
氏、阳氏、谷平、阪泉氏、县宗、玄都、西夏、续阳、有洛氏，凡
二十有八，是皆古之天子或诸侯，而出于周之左史所述，其书先行
于汉代，复发于魏冢，事岂无稽，亦未能援他书以考。则自秦燔典
籍，而书缺有间，以后之莫能考，而疑古之未必然，则过也。往者
吾尝见新郑之铜器，谭城之陶片，观其致巧极精，远非秦汉以后所
可跂及。知中国文化经秦火而退落，是岂徒典籍之祸已哉？非特晚
周学术文章后世莫及，凡《诗》之草木鸟兽，《礼》之数度名物，凡
而舟车、机杼、器服、饮食，名之精详、字之繁博，非文化之既久
且高，讵易臻此。字书所列，群籍所存，自汉以降，悉皆废置，比
于异物，后世所行，何其寥落粗浮也。由戎夫所述，庄生所陈，以
上窥《命历叙》之言，惟惜残略，岂谓夸虚。晚近考古者言："中国
自有史以还，迄于今世，凡我民族，不见有淫酪之习，盖有史之际，
离于游牧时代已久，不尔，是中国古代社会无游牧时代。"旨哉其信
乎。《春秋繁露》言："汤受命而王，亲夏，故虞，绌唐，谓之帝尧，
以神农为赤帝。周人之王，亲殷，故夏，绌虞，而号曰帝舜，尚推
神农，以为九皇。以圣王生则称天子，崩迁则存为三王，绌灭则为
五帝。下至附庸，绌为九皇，下极其为民。"《汉旧仪》及《小宗伯》
注并有"三王（旧作皇）、五帝、九皇、六十四民"之说，是并明中
国历史之久远。《董子》为《公羊》齐学，与纬候同源，义亦相发，
故并述之。

五　晚周各派之历史哲学

史者，非徒识废兴、观成败之往迹也，又将以明古今之变易、稽发展之程序。不明乎此，则执一道以为言，拘于古以衡今，宥于今以衡古，均之惑也。晚周各家，言往史之迹各异，而论为治之术亦殊。是其知识不同，而施为亦别，相互因果，故称述各违。三晋之学，法家者流，最明于史，持论明确，亦最可观。以今观之，亦颇有足疑者，兹先举其说，而以次衡之。

《商君·开塞》曰：

天地设而民生之，当此时也。民知其母，而不知其父，其道亲亲而爱私。亲亲则别，爱私则险，民众而以别险为务，则有乱。当此时也，民务胜而力征，务胜则争，力征则讼，讼而无正，则莫得其性也。故贤者立中正，设无私，而民说仁。当此时也，亲亲废，上贤立矣。凡仁者以爱利为务，而贤者以相出为道，民众而无制，久而相出为道，则有乱。故圣人承之，作为土地、货财、男女之分。分定而无制，不可，故立禁；禁立而莫之司，不可，故立官；官设而莫之一，不可，故立君；既立君，则上贤废而贵贵立矣。然则上世亲亲而爱私，中世上贤而说仁，下世贵贵而尊官。上贤者以道相出也，而立君者，使贤无用也。亲亲者以私为道也，而中正者，使私无行也。此三者非事相反也，民道弊而所重易也，世事变而行道异也。故曰王道有绳。夫王道一端，而臣道亦一端，所道则异，而所绳则一也。故曰：民愚，则知可以王；世知，则力可以王。民愚则力有余而知不足，世知则巧有余而力不足。民之生，不知则学，力尽而服。故神农教耕而王天下，师其知也；汤、武致强而征诸侯，服其力也。夫民愚不怀知而问，世知无余力而服，故以知王天下者并刑，力征诸侯者退德。圣人不法古，不修今，法古则后于时，修今则塞于势。周不法商，夏不法虞，三代异势，而皆可以王。故兴王有道，而持之异理。武王逆取而贵顺，争天下而上让，其取之以力、持之以义。今世强国事兼并，弱国务力守，上不及虞、夏之时，而下不修汤、武，汤、武塞，故万乘莫不战，千乘莫不守，此道之塞久矣。而世主莫之能废也。故三代不四，非明主莫有听也。今日愿启之以效。古之民朴以厚，今之民巧以伪。故效于古者，先德而治。效于今者，前刑而法。此俗之所惑也。……夫民忧则思，思则出度；乐则淫，淫则生佚。故以刑治则民威，民威则无奸，无奸则民安其所乐。以义教则民纵，民纵则乱，乱则民伤其所恶。吾所谓利者，义之本也。而世所谓义者，暴之道也。……故王者刑九而赏一，削国赏九而刑一。夫过有厚薄，则刑有轻重，善有大小，则赏有多少。此二者世之常用也。刑加于罪所终，则奸不去；赏施于民所义，则过不止。刑不能去奸，而赏不能止过者，必乱。故王者刑用于将过，则大邪不生；赏施于告奸，则细过不失。治民能使大邪不生、细过不夹，则国治。国治必强。二国行之，境内独强；二国行之，兵则少寝；天下行之，至德复立。此吾以刑杀之反于德而义合于暴也。

商君以"上贤立而亲亲废"，岂说仁遂无取亲亲乎？"贵贵立而上贤废"，岂君师建遂无取于仁义乎？然商君之言，又非此之谓也。其言世之道始于亲亲，而贤贤次之，而贵贵又次之，不可易也。以儒者损益因革之义观之则可也。若夫韩非所论，则又有进者。《韩非·五蠹篇》言：

上古之世，人民少而禽兽众。人民不胜禽兽虫蛇，有圣人作，构木为巢以避群害，而民悦之，使王天下，号曰有巢氏。民食果蓏蚌蛤，腥臊恶臭而伤害腹胃，民多疾病，有圣人作，钻燧取火以化腥臊，而民悦之，使王天下，号之曰燧人氏。中古之世，天下大水，而鲧、禹决渎。近古之世，桀、纣暴乱，而汤、武征伐。今有构木钻燧于夏后氏之世者，必为鲧、禹笑矣；有决渎于殷周之世者，必为汤、武笑矣。然则今有美尧、舜、汤、武、禹之道于当今之世者，必为新圣笑矣。是以圣人不期修古，不法常可，论世之事，因为之备。……古者丈夫不耕，草木之实足食也，妇人不织，禽兽之皮足衣也。不事力而养足，人民少而财有余，故民不争。是以厚赏不行，重罚不用，而民自治。今人有五子不为多，子又有五子，大父未死，而有二十五孙，是以人民众而货财寡，事力劳而供养薄，故民争。虽倍赏累罚，而不免于乱。尧之王天下也，茅茨不翦，采椽不斫，粝粢之食，藜藿之羹，冬日麑裘，夏日葛衣，虽监门之服养，不亏于此矣。禹之王天下也，身执耒臿以为民先，股无胈，胫不生毛，虽臣虏之劳，不苦于此矣。以是言之，夫古之让天子，是去监门之养而离臣虏之劳也。古传天子而不足多也。今之县令，一日身死，子孙累世絜驾，故人重之。是以人之于让也，轻辞古之天子，难去今之县令者，薄厚之实异也。夫山居而谷汲者，膢腊而相遗以水。泽居苦水者，买庸而决窦。故饥岁之春，幼弟不饷；穰岁之秋，疏客必食。非疏骨肉、爱过客也，多少之心异也。是以古之易财，非仁也，财多也。今之争夺，非鄙也，财寡也。轻辞天子，非高也，势薄也。重争土橐，非下也，权重也。故圣人议多少，论薄厚，为之政。故罚薄不为慈，诛严不为戾，称俗而行也。故事因于世，而备适于事。古者文王处丰镐之间，地方百里，行仁义而怀西戎，遂王天下。徐偃王处汉东，地方五百里，行仁义，割地而朝者三十有六国，荆文王恐其害己也，举兵伐徐，遂灭之。故文王行仁义而王天下，偃王行仁义而丧其国，是仁义用于古而不用于今也。故曰世异则事异。当舜之时，有苗不服，禹将伐之，舜曰不可，上德不厚而行武，非道也。乃修道三年，执干戚舞，有苗乃服。共工之战，铁铦短者及乎敌，铠甲不坚者伤乎体，是干戚用于古不用于今也。故曰事异则备变。上古竞于道德，中世逐于智谋，当今争于气力。

非子立论，归本于财用，执此义以言史者，未能或之先也。虽然，非子亦不免于蔽也。由非子之说，中古以往，人将无所事战伐。中古以降，惟气力是尚，而争乱不得止也。然秦由法家之说，以猛为治而败，汉承之以宽。魏以猛而败，晋又承之以宽。隋以猛而败，唐又承之以宽。秦、魏、隋之为治，法家之治也，以处于分争之世，则可以致富强而一区夏。及其既一也，则不足以为长久之治，故曰其可效于争乱之时，而未可施之于宁一之会，则非子之说求之上世与晚近将有所不验矣。盖致争之道非一，而财用其一端耳，安世宁人亦然。执一则俱矣。是未晓然于社会之多元也。孔子曰："不患寡而患不均，不患贫而患不安。"均之道诚急矣。而世亦恒有不均而获安者，则安之术亦多耶？曰"均无贫"，曰"患不安"，则安之道视均又进也。孟子言治，必曰"五亩之宅，树之以桑。百亩之田，勿夺其时"，而深致痛于"漫其经界"。荀卿子曰："礼者所以养人之欲，给人之求。"儒家者流固亦知汲汲于解决供求，故井田之论张。

而儒者言治，更又有进于井田者，谨庠序、申孝弟是也。非子徒急于财用，是谓知其一不知其二，商鞅又从而开阡陌以漫经界，其去均也又远矣。天下遂争于战功，于是"秦与戎狄同俗，贪戾好利而无信，不识礼义德行。苟有利焉，不顾亲戚兄弟，若禽兽耳"（《魏策三》），则亦生人所至苦也。是法家之说，将义有所不通，而治有所不验，而儒家之论有不可废者也。

昔孔子忧道不行，历国应聘，返于鲁而次《春秋》曰："我欲托之空言，不如见诸行事之深切著明也。"孔子虽因行事而加王心，所重在窃取之义。而孔氏之于行事，固亦洞见源流者也。其言曰："天下有道，则礼乐征伐自天子出。天下无道，则礼乐征伐自诸侯出。自诸侯出，盖十世希不失矣。自大夫出，盖五世希不失矣。陪臣执国命，三世希不失矣。天下有道，则政不在大夫。天下有道，则庶人不议。"于周人一代之变，可谓洞彻终始者也。又曰："禄之去公室，五世矣，政逮于大夫，四世矣，故夫三桓之子孙微矣。"其于鲁人一国之变，亦可谓洞彻终始者也。又曰："殷因于夏礼，所损益可知也。周因于殷礼，所损益可以也。其或继周者，虽百世可知者也。""行夏之时，乘殷之辂，服周之冕，乐则韶武，放郑声。"斯又洞彻于三代之变，且从而损益之，以俟后王。此孔子之所以为昭昭者也。孟氏自谓私淑于孔氏，其曰："王者之迹息而《诗》亡，《诗》亡然后《春秋》作。"此孟子之深识也。后之儒者，惟叶水心庶乎知之。孟子又曰："五百年必有王者兴，其间必有名世者。"又曰：

> 天下之生久矣，一治一乱。当尧之时，水逆行，泛滥于中国，蛇龙居之，民无所定，下者为巢，上者为营窟。《书》曰："洚水警余。"洚水者洪水也。使禹治之，禹掘地而注之海，驱蛇龙而放之菹，水由地中行，江、淮、河、汉是也。险阻既远，鸟兽之害人者消，然后人得平土而居之。尧舜既没，圣人之道衰，暴君代作，坏宫室以为污池，民无所安息。弃田以为园囿，使民不得衣食。邪说暴行又作，园囿污池，沛泽多而禽兽至。及纣之衰，天下又大乱。周公相武王诛纣伐奄，三年讨其君，驱飞廉于海隅而戮之，灭国者五十，驱虎

豹犀象而远之，天下大悦。《书》曰："丕显哉，文王谟，丕承哉，武王烈，佑启我后人，咸以正无缺。"世衰道微，邪说暴行有作，臣弑其君者有之，子弑其父者有之，孔子惧，作《春秋》，《春秋》，天子之事也。是故孔子曰："知我者其惟《春秋》乎？罪我者其惟《春秋》乎？"……昔者禹抑洪水而天下平，周公兼夷狄、驱猛兽而百姓宁，孔子成《春秋》而乱臣贼子惧。

孟子虽言五百之期，治乱相袭，而以抑洪水、兼夷狄、作《春秋》为比拟，是亦禹、稷、颜回同道之意，此孟氏通观之旨。后之儒者，惟袁伯彦通论游说、任侠、守文、肆直四者之相袭，庶乎似之。《淮南子·要略》、刘子玄《自叙》抑其次也。

自孟氏言五百之运，一治一乱，而儒之惑者，谬说踵兴。《礼三正记》曰："正朔三而改，文质再而复。"《春秋》家之说曰："王者起，所以必改文质者，为承衰乱，救人之失也。天道本下，亲亲而质省。地道敬上，尊尊而文烦。故王者始起，先本天道以治天下，质而亲亲。及其衰敝，其失也亲亲而不尊。故后王起，法地道以治天下，文而尊尊。及其衰敝，其失也尊尊而不亲，故复反之于质也。"夫文质代谢，张弛迭用，其理未即乖。而视三古若走环，则固也。曰虞夏之质，殷周之文，斯为显然之事。而曰虞质夏文、殷质周文，则事有难解。《表记》言："夏道尊命，事鬼敬神而远之，近人而忠焉，先禄而后威，先赏而后罚，亲而不尊。其民之敝，蠢而愚，乔而野，朴而不文。殷人尊神，率民以事神，先鬼而后礼，先罚而后赏，尊而不亲，其民之敝，荡而不静，胜而无耻。周人尊礼尚施，事鬼敬神而远之，近人而忠焉，其赏罚用爵列，亲而不尊。其民之敝，利而巧，文而不惭，贼而蔽。"夫《表记》既曰"土之于民也，亲而不尊，天尊而不亲"，固邻于《礼三正记》言"质法天，文法地"。夏周之亲而不尊，殷人之尊而不亲，倘即文质再而复之说所由昉。然其曰："夏道尊命，先赏而后罚；殷道尊神，先罚而后赏；周人尊礼，其赏罚用爵列。"斯亦三王之不相袭也。又曰："夏道未渎辞，不求备，不大望于民，民未厌其亲。殷人未渎礼，而求备于民。周人强民，未渎神，而赏爵刑罚穷矣。"是其深达三代之异趣，岂同于再而复之陋说哉？而《春秋》家说（《元命苞》《说苑》《白虎通义》亦同）："三王之有失，故立三教之相变。夏人之立教以忠，其失野，故救野莫如敬。殷人之立教以敬，其失鬼，故救鬼莫如文。周人之立教以文，其失荡，故救荡莫若忠。如此循环，周则复始，穷则相承。"三教之说，当亦昉于《表记》。而《白虎通》曰："救薄之失莫如忠，三者如顺连环，周而复始，穷则反本。"董仲舒言："汉继大乱之后，宜若少损周之文，致用夏之忠。"司马迁言："汉兴承敝易变，得天统也。"曰改周之文，从殷之质，又曰用夏之忠，则是以历史非前进而实向后。斯亦《表记》之讹说耶？邹子言五德之运，从所不胜，周而复始。后儒文质二教之说，是固取法于阴阳家，而大失孔孟之旨，此所以为昏也。若夫道家谓"剖斗折衡而民不争"，几欲返人类于狉榛之世，兹不具论也。

六　鲁国史籍与诸国史籍

先秦诸子，莫不称诵古昔，而征引《诗》《书》者，则自儒家孟荀以外，仅墨子与《吕氏春秋》，不韦书最后起，又为杂家，无足疑者。名、法、道德诸家，莫不述古以刺今，而不及《诗》《书》者，岂《诗》《书》六艺者，惟邹鲁所独有，故儒、墨（墨亦鲁人）诵法之；而百家述古事，又别有据耶？《庄子·天下篇》曰："其明而在数度者，旧法世传之史，尚多有之。其在《诗》《书》《礼》《乐》者，邹鲁之士，缙绅先生多能明之。其数散于天下而设于中国者，百家之学时或称而道之。"百家之学，为新起，为一系。《诗》《书》《礼》《乐》为一系，旧法世传之史为一系，二者皆旧有也。则儒墨为本诸邹鲁之《诗》《书》，而百家述古事为本诸世传之史。无怪乎其参差牴牾，每难合一。《淮南子》言："孔墨皆修先圣之术，通六艺之文。"孔墨并是鲁人，其同述《诗》《书》，以本同为鲁学故也。

孔子于夏、殷之礼曰"杞、宋无征"。孟子于周室班爵禄，曰"诸侯去其籍"。则邹鲁于三代事所闻之略。而《荀子·荣辱》曰："循法则度量刑辟图籍，不知其义，谨守其数，慎不敢损益也。父子相传，以持王公。是故三代虽亡，治法犹存。是官人百吏之所以取禄秩也。"《非相》曰："五帝之中无传政，非无善政也，久故也。禹、汤有传政。"是荀氏所闻，较邹鲁为明备。左氏言随会聘于周，"归乃讲聚三代之典礼，修执秩以为晋法。"荀卿之所谓治法，所谓传政，殆即随会之所讲求，盖晋之旧史为独备也。荀卿言："齐桓公并国三十五。"李斯言："秦穆公并国二十。"韩非所称，则"齐桓公并国三十"，"楚庄王并国二十六"，"晋献公并国十七，服国三十八"，"秦穆公并国二十"。其师弟之间，所睹殆同。此四君者，并国已百数，而此四国者，二百四十年间，并国几何？郑、宋、陈、蔡之属，并国又几何？事固可想而知。然《春秋》所记"亡国五十二"，则事已寥落，周建千八百国，其废兴不可明。是非特鲁人三古之史视晋为疏，即晚近之史视晋亦大略也。由斯以论，若以三古之文，尽于六艺，百家所本，皆自《诗》《书》，非愚则诬而已。盖诸侯各有其书，而诸国各有其学，六艺者，不过邹鲁之学，而曰九流十家"皆六经之支与流裔"，则刘班之妄耳。不由诸子之文，以推诸国旧法世传之史，徒执鲁人残略之篇，以衡论往昔，又从而疑之。康更生之徒，颇为上古茫昧无稽之说。岂知三代文化，若皆野朴，则春秋战国曷克臻此。是不思文化之由层积而兴，翻以百家之术，皆将天纵而圣，则其论亦固而已也。

何言乎六艺之为鲁书也。《管子·山权数篇》桓公曰："何谓五官技？"管子曰："《诗》者所以记物也，《时》者所以记岁也，《春秋》者所以记成败也，《行》者所以道民之利害也，《易》者所以守吉凶成败也，《卜》者卜吉凶利害也。六家者即见其时，使豫先早闲之日受之。"五技之事，近乎六艺。以各为齐、鲁之书，有异有同，《时》当即《周月》《夏正》之类；《行》当即《仪礼》《容经》之类；至齐《春秋》之必异乎鲁，又不待论也。即齐之《诗》，谅亦与鲁不同。孔子言："《诗》三百，一言以蔽之，曰思无邪。"又言："诵

《诗》三百，授之以政，不达。"此孔子之《诗》为三百也。而《墨子·公孟篇》言："歌《诗》三百，弦《诗》三百，诵《诗》三百，舞《诗》三百。"下至毛公，亦谐此说。儒、墨同为三百，墨亦鲁人，此鲁《诗》以三百为节，歌舞皆然。非经孔正，乃得此数。孔氏之《诗》，《关雎》为《风》始，《鹿鸣》为《小雅》始，《文王》为《大雅》始，《清庙》为《颂》始。而《左氏》记季札来观周乐，始《二南》迄《三颂》，与孔经无二致。则四家之《诗》并为鲁之旧贯。故得上符季札，下合墨书，事可验也。而在《乐记》述师乙所闻，则曰："宽而静、柔而正者，宜歌《颂》。广大而静、疏远而信者，宜歌《大雅》。恭俭而好礼者，宜歌《小雅》。正直而静、廉而谦者，宜歌《风》。肆直而慈爱者，宜歌《商》。温良而能断者，宜歌《齐》。"其部居为六，是则非鲁之《诗》，而他国之诗也。《大戴·投壶》独有《商》《齐》七篇之言，盖与《乐记》合，而谓"凡《雅》二十六篇"，则《乐记》《投壶》所论之《雅》，与所谓"《小雅》之材七十有四，《大雅》之材三十有一"者又不同，其"八篇可歌，《鹿鸣》《狸首》《鹊巢》《采蘩》《采蘋》《伐檀》《白驹》《驺虞》"，在孔氏鲁《诗》以为《风》者，而此入于《雅》。《史辟》《史义》《史见》《史董》《史谤》《史宾》《拾声》《叡挟》八篇，与《狸首》皆非鲁《诗》之所有。《乐记》《投壶》独有《商》《齐》，倘即齐人五技之诗欤？是不特五技、六艺之已殊，虽同有《诗》，而部居多寡又迥别也。鲁之六艺，已非齐人所知，而可谓列国之学胥自六经而为其支与流裔哉？

试再陈之。盖齐人之书，于鲁犹近，而他国之书，则与鲁大殊。《楚语》：庄王使士亹傅太子箴，问于申叔时，叔时曰："教之《春秋》，而为之耸善而抑恶焉，以戒劝其心。教之《世》，而为之昭明德而废幽昏焉，以休惧其动。教之《诗》，而为之导广显德，以耀明其志。教之《礼》，使知上下之则。教之《乐》，以疏其秽而镇其浮。教之《令》，使访官物。教之《语》，使明其德，而知先王之务用明德于民也。教之《故志》，使知废兴者而戒惧焉。教之《训典》，使知族类，行比义焉。"此九事者，楚人之书，固与齐鲁之书远也。

《晋·束皙传》：

> 太康二年，盗发魏襄王墓，得竹书数十车。其《纪年》十三篇，记夏以来至周幽王为犬戎所灭，以事接之三家分晋，仍述魏事至安釐王之二十年，盖魏国之史书，大略与《春秋》皆多相应。其《易经》二篇，与《周易》上下经同。《易繇阴阳卦》二篇，与《周易》略同，《繇辞》则异。《卦下易经》一篇，似《说卦》而异。《公孙段》二篇，与邵陟论《易》。《国语》三篇，言楚、晋事。《名》三篇，似《礼记》，又似《尔雅》《论语》。《师春》一篇，书《左传》诸卜筮。《琐语》十一篇，诸国卜梦相书也。《梁丘藏》一篇，先叙魏之世数，次言丘藏金玉事。《缴事》二篇，论弋射法。《生封》一篇，帝王所封。《大历》二篇，邹子谈天类也。《穆天子传》五篇，言周穆王游行四海，见西王母。《图诗》一篇，画赞之属也。又《杂书》十九篇：《周食田法》《周书》《论楚事》《周穆王美人盛姬死事》。

此三晋之书，视鲁书益远也。孟子言"晋之《乘》，楚之《梼杌》，鲁之《春秋》"，而《楚语》申叔时言《春秋》，《晋语》亦言羊舌肸习于《春秋》。晋、楚亦以《春秋》言，斯皆不免传译之辞，姑以鲁书名之耳。《左氏》言："桓僖灾，南宫敬叔至，命周人出御书，俟于宫。子服景伯至，命宰人出礼书，以待命。"是鲁人之书奚止六艺？《礼运》言："我欲观夏道，之杞得夏时焉。我欲观殷道，之宋得乾坤焉。"见杞、宋之莫不有书，又奚止于齐、鲁？韩宣子适鲁，见《易·象》与《春秋》，曰："周礼尽在鲁。"则列国之书，固自不同。"左史倚相能读《三坟》《五典》《八索》《九丘》"，事亦未见于他国。若墨子言"百国《春秋》"，则其种之繁也。此皆晚周人之所习颂，而莫见于后世者，春秋战国之文化，皆于是乎生。若之何以事之不见于六经者，谓皆不可信。益进并六经之事而疑之，岂舟人之子，胥天纵之圣乎？太史公曰："儒者断其义，驰说者骋其辞，不务综其终始。历人取其年月，数家隆于神运，谱谍独记世谥，其辞略。"司马于古之文，盖又分五事言之。儒者，则孟、荀之俦。驰说者，则百家之书也。历人取其年月，则《汉志》所著《黄帝五家历》三十三卷、《夏殷周鲁历》十四卷之类是也。班固言："太史令张寿王、待诏李信治《黄帝调历》，课皆疏阔。"又言："黄帝至元凤三年，六千余岁。寿王又移帝王录舜、禹年岁，不合人年（谓寿过百岁之类）。寿王言化益为天子代禹，骊山女亦为天子在殷周间，皆不合经术。"是历人亦叙论古事也。数家隆于神运，则阴阳家邹子之俦，张苍《终始五德传》之类也。班固言："宝长安治《终始》，言黄帝以来三千六百二十九年岁。"此数家五运之说也。谱谍独记世谥，则《汉志》《帝王诸侯世谱》二十卷、《古来帝王年谱》五卷之类是也。太史公曰："余读《谍记》，黄帝以来皆有年数，稽其历谱谍终始五德之传，古文咸不同乖异。于是以《五帝系谍》《尚书》集《世纪》……"又言"太史公读《春秋历谱谍》"，"读《秦记》"。是此五家者，史公并见其书，则篇籍之博矣，而可诬耶？惟史公之所见者，而后人莫之能睹耳。

八　《世本》与《史记》

《汉书·艺文志》有《世本》十五篇，刘向《别录》曰："《世本》，古史官明于古事者所记也。录黄帝以来帝王诸侯及卿大夫系谥名号，凡十五篇，与《左氏》合也。"班氏于《司马迁传·赞》言："孔子作《春秋》，左丘明为之传，又纂异同为《国语》。又有《世本》，录黄帝以来至春秋时帝王公侯卿大夫家祖世所出，故司马迁据《左氏》《国语》，采《世本》。"此迁书之据《世本》而作也。《世本》久亡，据群籍征引者言之，知其书有本纪、有世家、有列传，则所谓马迁创作纪传，不过因袭《世本》之体，以为纪纲，而割裂《尚书》《左氏》《国策》《楚汉春秋》诸书，散入本纪、世家、列传，分逮当人之下而已。纪传之体可贵，而创之者《世本》，非马迁也。《尚书》《左氏》《国策》之俦，各自为书，《世本》为纪传之制以综而贯通汇之，此《世本》之所以为伟也。桓谭《新论》以史公所为年表，"旁行斜上，并效《周谱》"。年表为作史之一奇迹，史迁亦袭《周谱》而非创作，知史迁徒取前人之陈规，其从事殆亦易耳。乃多所牴牾，而逮事之功，亦有未至。若其立论之奇宕，先黄老而后六经，亦不过淮南辈之恒言，一时言学者犹未臻于粹一也，未足为高也。议文章者尊之或当，衡史学者和之，则未可为知言。求之相如、贾生之作，史迁自未必独雄往代也。而曰"欲以究天人之际，通古今之变，成一家之言"，其亦侈耶？群书引《世本》有《帝系篇》，有《谥法篇》，有《居篇》，有《作篇》，此史迁八书之所由仿也。八书之作，《天官》《律历》备极翔实，此史公专门之业，唐都、洛下闳之传，正其家学。作《礼书》《乐书》，徒取《乐记》《荀卿》之言，肤略如此，其下班固远矣。或疑礼、乐书为褚先生补，其言无据。太史公取《尚书》《左氏》不足疑，取《乐记》《荀卿》则不可信，得为知类欤？以《史记》八书衡之《班书》十志，则马迁为有愧也。衡之《居篇》《作篇》，盖不侔也。《世本·作篇》备记"知者创物，始开端造器物"，此近世言文明发展史者之所究意，而《世本》已先及之，此非事之杰出人上者乎？《论衡·对作篇》言："言苟有益，虽作何害。仓颉之书，世以纪事，奚仲之车，世以自载，伯余之衣，以辟寒暑，桀之瓦屋，以辟风雨。夫不论其利害，而徒讥其造作，则仓颉之徒有非，《世本》十五家皆受责也。"此亦《世本·作篇》之大略也。群书所征，知《世本》备言："鲧作城郭，尧作宫室，化益作井，祝融作市，伯夷作刑，季杼作甲，少康作箕帚，仪狄作酒，夔作乐，昆吾作陶，芒氏作罗，隶首作算数，容成作调历，蚩尤以金作兵器，于则作扉履，巫咸作筮，巫彭作医，共鼓货狄作舟，垂作规矩准绳，咎繇作耒耜，挥作弓，夷牟作矢，雍父作杵臼，胲作服牛，相土作乘马，宿沙煮盐，公输般作石碻。"何可胜计，皆有资于民生日用，而岂人类一朝之能肢及者哉？《易·系辞》言作卦凡十二，视《世本》之书，其致一也。《吕览·君守》《勿躬》二篇皆言制作之事。许慎《说文》言作者二十，可谓知所择也。而马迁无一言及焉，此法《世本》而独弃其精者乎？则未可谓之能知《世本》者也。其曰："罔罗天下放失旧闻，厥协六经异传，整齐百家杂语。"书虽不称其言，然其意起恢宏，固足尚也。班固言："凡《汉书》，叙帝皇，列官司，建侯王，分州域，物土疆，函雅故，通古今，正文字，惟学林。"班氏之比事类物，骋博详窍，蔚宗以下，叹为不及。当非史家独擅之长，凡汉人著述，皆主于包罗万有，许慎《说文》，尚能如此，是岂班、马之所以为卓越者哉？

第二章

六朝至唐

一 魏晋之学术与史学

周秦之际，百家竞鸣，至汉则定一尊于孔氏，此道术之由歧而之一。班固称："尊其所闻，行其所知。"而鲁丕曰："说经者传先师之言，非从己出，若规矩权衡之不可枉。"其拘固极于是欤！魏晋以来，家法之学废而异说大兴，故萧子显曰："江左儒门，参差互出。"非复株守师说之旧也。张思光曰："丈夫当删《诗》《书》，制礼乐，何至因循寄人篱下？"则几欲并孔子之席而夺之，尚何有于汉师之法？阮籍曰："礼非为我设。"则已欲并名教而泯之，又何有于孔氏？此道术之由合而之歧。宇宙间固未有一息之不变，此理之恒，无足异者。乃小知浅见者流，以立异善变自矜，而迂固者又惕然忧之，岸然拒之，均之隘矣。是不知无时而不变者也。变汉儒之学者，始于刘表，大于王肃，而极于杜预、王弼、范宁、徐邈。刘表在荆州，集綦毋闿、宋衷、司马徽诸儒，为《五经章句后定》，是后反康成异汉说者，莫不渊源于荆州，而子雍其最也。杜预、韦昭而下，集解之风大倡，莫不检取众家之长，而定一是之说。专家之学息，而异说纷起，江左以来，遂滔滔莫之能止。王弼、何晏，祖尚玄言，其源亦本于荆州之尚《太玄》，而名理之论张，视东汉名物训诂之学若土梗。清谈之风，遂被江左，《老》《易》大兴，儒术遂黜焉。何晏以圣人无喜怒哀乐，钟会等从而述之。辅嗣之论则曰："圣人茂于人者神明也，同于人者五情也。神明茂，故能体冲和以通无，五情同，故不能无哀乐以应物。然则圣人之情，应物而无累于物者也。今以其无累，便谓不复应物，失之多也。"其答裴徽之问则曰："圣人体无，无又不可为训，故言必及有，老、庄未免于有，恒训其所不足。"则王氏之论尚矣。虽唐之李翱、宋之程颢，何以加诸。流风所播，崇庄、老，贱六经，又未必得王氏之旨也！然排儒家，贱礼义，其源尚不始于清谈之道家。杜恕言："今学者师商韩而尚法术，竞以儒家为迂阔，不周世用。"则始排儒学者法家也。荀彧曰："桓灵以来，政失于宽，袁绍以宽济宽，故不摄，曹操纠之以猛，而上下知制。"傅玄曰："魏武好法术，而天下贵刑名，魏文慕通达，而天下贱守节。"则自崔寔、仲长统以来，已开崇法轻儒之渐，而极于丁仪、刘廙之先刑后礼论。汉代传统思想先已动摇。魏武之令曰："若必廉士而后可用，则齐桓其何以霸世。今天下得无有盗嫂受金而未遇无知者乎？"又曰："夫有行之士，未必能进取，进取之士，未必能有行。陈平岂笃行，苏秦岂守信耶？士有偏短，庸可废乎？"又曰："今天下得无有高才异质、堪为将相、负污辱之名、见笑之行，或不仁不孝，而有治国用兵之术，其举所知，勿有遗失。"则所以贱名检、轻礼义，自法家之说倡之，魏武持之，固不起自嵇阮道家之徒。自汉末以来，儒家之说已坠，异说以兴。始法家，次道家，言墨家者有鲁胜，言名家者有刘劭，管辂之于数术，华佗之于方技，阮武、姚信、钟繇、陈群之流，百家之说，莫不并起。技巧滋益，释、道踵武，则思想之解放而为变古者极矣。文也，史也，靡不革新。于是马班抑坠，而干宝、孙盛巍然为五百年史例中兴。盖一切学术均变，而史学亦不得不变，哲学盛而史亦盛也。

二 史学与江左清谈

袁彦伯作《名士论》，以夏侯太初、何平叔、王辅嗣为正始名士，阮嗣宗、嵇叔夜、山巨源、向子期、刘伯伦为竹林名士。正始名士，傅玄所谓虚无者也；竹林名士，则傅玄所谓放诞者也。崇虚无，故裴頠作《崇有论》以折之。贱名检，故戴逵有《放达为非道论》以排之。儒玄之争，《达庄》阮籍、《废庄》王坦之，情同冰炭。史家以备明兴衰之故，究洞往事，立言制义，咸知所裁。方江左清谈风靡一世，乃干宝、孙盛凡诸史人，胥扼腕垂涕而争之，以期挽狂澜之既决。干宝《晋纪》称："阮籍居丧，饮啖不辍。故魏晋之间，有被发夷傲之事，背死忘生之人，反谓行礼者，籍之为也。"于《晋纪总论》，则訾其"风俗淫僻，耻尚失所。学者以老庄为宗而黜六经，谈者以虚荡为辨而贱名检，行身者以放浊为通而狭节信，当官者以望空为高而笑勤恪。其倚仗虚旷，依阿无心者，皆名重海内。国之将亡，本必先颠，其此之谓乎？故观阮籍之行，而觉礼教崩弛之所由，想郭钦之谋，而悟戎狄之有衅"。史称"虞预憎疾玄虚，其作《晋书》论阮籍裸裎，比之伊川被发"。干、虞之志，固以永嘉之祸，中原沦陷，皆虚荡者之由也。若鱼豢则推理所由，言：

> 建安之末，天下分崩，纪纲既衰，儒道尤甚。太和、青龙中，中外多事，是以志学之士，遂复凌迟，而末求浮虚者，各竞逐也。正始中有诏议圜丘，普延学士，是时郎官及司徒领吏二万余人，而应书与议者略无几人。又是时朝堂公卿以下四百余人，其能操笔者未有十人。嗟夫，学业沉殒，乃至于此。

究论儒道所由绌，而浮虚之说所由张，言之固若此其痛切也。方玄学者流，以《老》《易》为宗，令升、安国必一反辅嗣辈之持说，排老氏，崇汉《易》，从而颠覆其根本。汉《易》重爻象，而王氏为玄言，《晋书·孙盛传》言："盛著《易象妙于见形论》，殷浩等竟无以难之。"盖钟会论《易》无互体，故孙氏从而辩之。其论略曰：

> 圣人知观气不足以迭变，故表圆应于著龟。圆应不可为典要，故寄妙迹于六爻。六爻周流，唯化所适。故虽一画而吉凶并彰，微一则失之矣。拟器托象，而庆咎交著，系器则失之矣。故设八卦者，盖缘化之影迹也。天下者，寄见之一形也。圆影备未备之象，一形兼未形之形。故尽二仪之道，不与乾坤齐妙，风雨之变，不与巽坎同体矣。

则既以申汉《易》也，摧魏晋之说，若放淫辞。其论王弼《易注》谓：

> 《易》之为书，穷神知化。世之注者，殆皆妄也。况弼以附会之辩，而欲笼统玄旨者乎？于六爻变化，群象所效，日时岁月，五气相推，弼皆摈落，多所不关，虽有可观者焉，恐将泥乎大道。

则所以申汉法而绌玄学者流之言《易》也。干宝注《易》，更守京房之法，又配以干支，为旨益密，去玄益远。皆以反正始之义而然欤！令升于《易》，朋于陆绩，辅嗣作注，仿自宋忠。宋、陆同传《太玄》，陆以"玄之大义，撰著之谓"，而斥仲子"失其旨归，虽得文间义说，大体乖矣"。王、干说《易》分途，殆即本于宋、陆。江左崇尚老氏，孙盛作《老聃非大贤论》，以为"中贤第三之人，去圣有间"。其谓"尚无既失之矣，崇有亦未为有得"，则持说视崇有崇无为尤高。其《老子疑问反讯》则曰："《道德经》云：常无欲观其妙，常有欲观其徼。此两者同出而异名，同谓之玄。玄之又玄，众妙之门。"而斥旧说及王弼解曰："宜有欲俱出妙门，同谓之玄。若然以往，复何独贵于无欲乎？"依《老》以折贵无，则尤为千载之神解，倾清谈者之根荄。下及于梁，裴子野于《宋略》纪王敬弘事，论曰："居官不事，以故（疑放字之误）为名，正始、元康之风，中原所以败也，纵而勿检，致治难哉。"则史人于玄风披倡之世，殆所谓砥柱中流者耶？于时玄者重名理，史人崇灾异，灾异固两汉以来之天道说也。玄者以虚无为天道，史家以灾候为天道以抗之。符瑞之志，各家尚焉。此虽矫枉过直，倘亦观过知仁者乎？裴子野曰：
"先王历象日月，敬授民时，后（原误作彼）世穿凿，拘于禁忌。推
步盈虚（原阙，以意补之），其细已甚，多鄙俚之说，乱采索之旨。
由是缙绅先生不以阴阳为学。"安国之论孙权事神曰："盛闻国将兴，
听于民，将亡，听于神。权年老志衰，多凉德矣。而伪设符命，求
福妖邪，将亡之兆，不亦显乎？"则于时史人虽崇灾候阴阳之说，
而摧图谶征应之辞，符于张衡之论。斯固董子、翼奉之道，大别于
成哀之际、钟张之徒者也。安国之与罗君章论更生之说曰："省更生
者，括囊变化，穷寻聚散，是好论也。然吾意犹有同异，以令万物
化为异形者，不可胜数，应理不失，但隐显有年载。今万化犹应多
少有还得形者，无缘尽当，须冥远耳目不复开逐，然后乃复其本也。
吾谓形既粉散，知亦如之，纷错混淆，化为异物。他物各失其旧，
非复昔日。此有情者所以悲叹，若然则足下未可孤以自慰也。"则并
难及释氏轮回之说。要之，先后史人皆汲汲于玄风之辟，直为中原
倾覆之由。其以清谈言史，惟袁宏辈而已。

三 史学与六代俪文

宋文帝问颜延之诸子才能，对曰："竣得臣笔，测得臣文。"《晋
书》称："蔡谟文笔议论，有集行于世。"审文笔之分，魏晋而来旧
矣。《金楼子》曰："古之学者有二，今之学者有四：夫子门徒、通
圣人之经者谓之儒。屈原、宋玉止于辞赋，则谓之文。今之儒，博
穷子史，但能识其事、不能通其理者，谓之学。至如不便为诗如阎
纂，善为章奏如伯松，泛谓之笔。吟咏风谣，流连哀思者，谓之文。
文者惟须绮縠纷披，宫徵靡曼，唇吻遒会，情灵摇荡。"六代之文，
卑溺至是。新体声病，殆又甚焉。月露风云，连章积牍，李谔疏纠
华伪，慨愤深欤？刘知几言："裴子野《宋略》、王劭《齐志》，并长
于叙事，无愧古人。"又称："裴畿原删略宋史，时称简要，斯固一

代之良史也。"而《梁书·裴传》称:"子野为文,不尚丽靡之辞,其制作多法古,与今文体异,当时或有诋诃者。"简文亦谓:"裴氏乃良史之才,了无篇什之美,亦质不宜慕。"是知史家述笔,固异时流。故《文心雕龙·才略篇》曰:"孙盛、干宝,文胜为史,准的所拟,志在典训。"盖深疾流俗藻绘之文,故取法经传质直之笔。虽乖时尚,庶亦独立不惧者耶?《史通》言:"干宝议撰晋史,以为宜准丘明。"又曰:"自魏以来,多效三史,从晋以降,喜学五经。"非徒仿其义例,实又兼拟其文。裴松之注《三国志》乃再致诋諆,其言曰:"松之以为史之记言,既多润色,故前载所述,有非实者矣。后之作者,又生意改之,于失实也,不亦弥远乎?凡孙盛制书,多用《左氏》以易旧文,后之学者,将何以取信哉?"《史通》亦诋"孙盛、孔衍、王劭、刘播,好奇厌俗,习旧捐新,虽得稽古之宜,未达从时之义"。不思浮丽之文,既波荡一世,黜彼靡曼,崇兹简质,准的丘明,不犹愈于效摹潘、陆耶!至蔚宗《自序》乃一发史人之高文遐思,大振厥词,若警聋俗。其言曰:

> 文患其事尽于形,情急于藻,义牵其旨,韵移其意。虽时有能者,大较多不免此累。政可类工巧图缋,竟无得也。常谓情志所托,故当以意为主,以文传意。以意为主,则其旨必见,以文传意,则其词不流。尝为人言,多不能赏,意或异故也。观古今文人,多不全了此处。年少中谢庄最有其分,手笔差易,文不拘韵故也。

其说自不谐于俗,而史人文思,于是乎显。盖所谓独标高致者焉。不尔,则孙、干远旨将冤沉百世也。刘勰曰:"干宝述《纪》,以审正得叙,孙盛《阳秋》,以约举为能。"是数子于文,固功浮于过者耶?子玄言:"君父见害,义当略说,不忍斥言。《左氏》叙桓公遇害,云彭生乘,公薨于车。干宝叙愍帝殁于平阳,云晋人见者多哭,贼惧,帝崩。此拟《左氏》,所谓貌异心同者也。"则拟《左》之善,刘氏亦未能没之。若王劭"撰齐、隋二史,文皆诣实,于悠悠饰辞,皆不之取"(《史通·载文篇》),"意在简直,言兼鄙野"

（《史通·论赞篇》）。既"多记当时鄙言"（《史通·杂说篇》），则固千古存信之绝作。子玄乃讥"萧、羊之琐杂，王、宋之鄙碎，言殊炼金，事同难肋"，复肆其非难者何哉？《隋书·劭传》亦称："劭撰《齐书》《齐志》，或文辞鄙野，或不轨不物，骇人视听，大为有识者所嗤鄙。"随和泣血，百世所同，可慨已矣。文必赡俪以阿时，裴、王绝作，尚两不免于世病，是则流俗迫人，虐于封豕。上世之有沉渊蹈海，宁得已哉？子野《雕虫论》（即《宋略·文纪》之论，《文苑英华》名之《雕虫论》）曰：

> 古者四始六艺，既形四方之风，且张君子之志。后之作者，思存枝叶。由是随声逐影之俦，弃指归而无执。爰及江左，称彼谢、颜。宋初迄于元嘉，多为经史。大明之代，实好斯文。自是闾里少年，罔不摈落六艺，吟咏性情。学者以章句为专鲁。淫文破典，斐尔为功。荀卿有言，乱代之征，文章匿而采，斯岂近之乎？

则裴氏直以文之华质，征世之理乱，可谓卓识。子玄讥以"鲍昭文学宗府，方于汉代褒、朔，事皆阙如"。此正涑水不取屈原、相如文人所由昉（李因笃论《通鉴》意）。裴氏固有其微志，而子玄顾以为贬，不已惑乎？至萧、沈、谢、江，固为文士，余才述史，以芜累贻讥，无尤也。

四　史学家之民族国家思想

李大师以六代史籍，南谓北为索虏，北谓南为岛夷，鄙其相轻丑辞，作南、北史。然此实有义焉。范蔚宗于《南匈奴传》论曰：

> 窦宪、耿夔之徒，蹑北追奔，三千余里。若因其时势，还南虏于阴山，归河西于内地，防戎羯乱华之变。使耿国之算不谬于当世，袁安之议见从于后王，平易正直，若此其弘也。而窦宪矜三捷之效，更

立北虏，反其故庭，坐树大鲠。永言前载，何痛愤之深乎？终于吞噬神乡，丘墟帝宅。

知其于种族之祸，致慨已深。孙、裴以往，述北事必曰胡、曰狄，岂无故哉？干宝于《晋纪》言："泰始后，中国相尚，用胡床貊盘，及为羌煮貊炙。贵人富室，必置其器。吉凶嘉会，皆此为先。太康中，又以毡为绚头，及络带衿。百姓相戏曰：中国必为胡所破也。毡产于胡，而天下以为绚头带身衿口，胡既已制之矣，能无败乎？"干宝曰："元康中氐羌反，至于永嘉，刘渊、石勒遂有中都。自后四夷迭据华土，是其应也。"是又以用夏变夷，为神州陆沉之渐。斯岂泛尔叹风俗之偷而已耶？裴氏《宋略》纪："武帝既灭姚氏，三秦父老，闻裕将还。诣门流涕诉曰：残民不见王师，百年于兹矣。始睹衣冠，人人相贺。长安十陵，是公家坟垄，千门万户，是公家府殿，舍此欲安归乎？"则其种族国家之痛，虽郑思肖之《心史》，何以尚兹。又元嘉既挑拓跋之祸，"魏人凡破南兖、徐、兖、豫、青、冀六州，杀掠不可胜数，丁壮者即加斩截，婴儿贯于槊上，盘舞以为戏。所过郡县，赤地无余。春燕归，巢于林木。自是邑里萧条，元嘉之政衰矣"。亦见其人于胡马凶残，怨深刺骨，崩痛冤苦，情溢乎词。若夫新亭兴慨，徒以"运有废兴"，非此伦也。至若正闰之论，亦创于斯际，而遗讯后来。然其义独盛于东晋、南宋二代，是固有其微意，又未可忽也。《晋书》言："习凿齿著《汉晋春秋》，于三国之时，蜀以宗室为正，魏武虽受汉禅晋，尚为篡逆。至文帝平蜀，乃为汉亡，而晋始兴。明天下不可以智力强也。"檀道鸾《续晋阳秋》曰："凿齿著《汉晋春秋》，斥桓温觊觎之心也。"刘子玄以"凿齿以魏为伪国者，盖定邪正之途，明顺逆之理"。是盖衡论既往，兼以戒儆来兹。其意固有在也。《晋书》言："安国著《晋阳秋》，词直理正，咸称良史。桓温见之，怒谓盛子曰：枋头诚为失利，何至乃如尊君所说，若此书遂行，自是关君门户事。其子请删改之，盛大怒。诸子私改之。盛写两定本，寄于慕容儁，书遂两行。"明孙之恶桓，与凿齿同。斯存汉之心即所以存晋，绝魏即所以绝桓。至习氏之论魏曰："昔共工伯有九州，秦政奄平区夏，犹不见序于帝王。何况暂制数州之人、威行境内而已，便可推为一代者乎？"于是中原沦胥，胡虏僭差，冠带流离，托根江表，盖黜魏即所以黜羌胡，存蜀正所以存中夏。斯孙、习之旨欤？魏收书曰："曹武削平寇难，魏文奄有中原，于是伪孙假命于江东，僭刘盗名于岷蜀，土不出江汉，地仅接褒斜，而谓握皇图，三分鼎立，比踪王者，溺人必笑，其在兹乎？"观魏之贬蜀，益见习之系汉，固有为而然。收书又曰："司马睿都于丹阳，因孙权之旧居，去洛二千七百里，所谓岛夷卉服者也。春秋时为吴越之地，吴越僭号称王，僻远一隅，不闻华土。中原冠带呼江东之人，皆为貉子。"北之退晋，辞至此极，晋之播迁江表，犹刘之崎岖巴洛。北以中原为尊，故南以帝胄为重。冰炭既逼，则寒燠益彰。《洛阳伽蓝记》言：

> 陈庆之入洛，因醉曰："北朝甚盛，犹曰五胡，正朔之承，当在江左。"中大夫杨元慎是中原士族，正色曰："江左假息，僻居一隅，礼乐所不沾。我魏定鼎嵩洛，与五帝而并迹，礼乐宪章之盛陵百王。卿鱼鳖之徒，何为不逊，以至于此？"

盖自禹甸崩析，而夷夏相轻，风之由来旧矣。李彪、崔光已有"司马祚终于郏鄏，而拓跋受命于云代"之言。习之帝蜀，事固有激于当年。至若朱子作《纲目》，以蜀为正，而易君实之书，陆游序《南唐书》称本纪，不循马令之旧。其为系情南宋，情固可知。王洙为《宋史质》，其义尤显。非惟辽、金仅列外国，元代年号亦尽截删，有宋益王之末，即以朱明德祖继之。瀛国降元以后，仿书帝在房州，若曰中国未尝亡、而蒙古未尝帝。遂致书被黜于清世，旨不著于后来。精义沦湮，诋讪竞作，岂知正闰之说，固亦事之不得已者也。

五　史家之君臣观念

孟子曰："闻诛一夫纣矣，未闻弑君也。"荀卿亦曰："故桀纣无天下，而汤武不弑君。"此固儒家之大义，而昧忽久焉。黄梨洲作《原君》所以为启千载之长夜者，端在是也。孙盛于封孙皓为归命侯论曰："古之立君，所以司牧群黎。若乃淫虐是纵，酷彼群生，则天人殛之，夺其南面之尊，加其独夫之戮。是故汤武抗钺，不犯不顺之讥，汉高奋剑，而无失节之议。何者？诚四海之酷雠，而人神之所摈故也。"孙氏之义，本于干宝之《易注》。干氏谓："文王抑参二之强，以事独夫之纣，祈殷命以济生民也。纣遂长恶不悛，天命殛之，至于武王，遂有牧野之事。"干氏《晋武革命论》，义亦据此。何期晋宋之间，史人立论，光照日月也。孙盛论谯周说后主降魏，则曰：

> 《春秋》之义，国君死社稷，卿大夫死位。况称天子，而可辱于人乎？周谓万乘之君，偷生苟免，亡礼希利，要冀微荣，惑矣。且以势事言之，理有未尽。何者？禅虽庸主，实无桀纣之酷，战虽屡北，未有土崩之乱，纵不能君臣固守，背城借一，自可退次东鄙，以思后图。……徐因思奋之民，以攻骄惰之卒，此越王所以败阖闾，田单所以摧骑劫也。何为匆匆遽自囚虏，下坚壁于敌人，致斫石之至恨哉？葛生有云：事之不济则已耳，安能复为之下。壮哉斯言，可以立懦夫之志矣。观古燕齐荆楚之败，或国覆主灭，或鱼县鸟窜，终能建功立事，康复社稷，岂曰天助，亦人谋也。向使怀苟存之计，纳谯周之言，何邦基之能构，令名之可获哉？禅既闇主，周实弩臣，方之申包胥、田单、范蠡、大夫种，不亦远乎？

其致惜于国社，若此其切也。"民为贵，社稷次之，君为轻。"干、孙持论，固深达于此。而孙盛之论华歆迎降孙策，则曰："夫大雅之处世也，必先审隐显之期，以定出处之分，否则括囊以保其身，泰则行义以达其通。歆既无夷皓韬邈之风，又失王臣匪躬之操。故挠心于邪儒之说，交臂于陵肆之徒。位夺于一竖，节堕于当时。昔许、蔡失位，不得列于诸侯，州公实来，鲁人以为贱耻。方之于歆，咎孰大焉？"其恶贱辱，励臣节，固若此其严乎。习凿齿谓毌丘俭起义，谓："毌丘俭事虽不成，可谓忠臣矣。夫竭节而赴义者我也，成之与败者时也。我苟无时，成何可必乎？忘我而不自必，乃所以为忠也。古人有言，死者不生，垒者不愧。若毌丘俭，可谓能不愧也。"其褒忠臣，又若此其笃也。若其恶僭乱，耻撰辱，于邪正之辨，义正而辞严，殆凛乎不可犯。习氏《春秋》，以蜀为正，而深责魏吴，其《别周鲁通诸葛论》曰：

> 客问曰：周瑜、鲁肃何人也？主人曰：小人也。客曰：周瑜奇孙策于总角，定大好于一面，摧魏武百胜之锋，开孙氏偏王之业。鲁肃一见孙权，建东帝之略。子谓之小人，何也？主人曰：此乃真所以为小人也。夫君子之道，故将竭其直忠，佐扶帝室，尊主宁时，远崇名教。何由尽臣礼于孙氏于汉室未亡之日邪？客曰：诸葛武侯，翼戴玄德，与瑜、肃何异？而子重诸葛，毁瑜、肃，何其偏也？主人曰：夫论古今者，故宜先定其所为之本，迹其致用之源。诸葛武侯龙蟠江南，托好管、乐，有匡汉之望，是有宗本之心也。今玄德汉高之正胄也，信义著于当年，将使汉室亡而更立，宗庙绝而复继，谁云不可哉？

习氏之所以尊蜀而责吴者亦深矣。孙氏论吴臣魏曰："昔伯夷、叔齐不屈有周，鲁仲连不为秦民。夫以匹夫之志，犹义不辱，况列国之君，三分天下，而可二三其节，或臣或否乎？余观吴蜀，咸称奉汉，至于汉代，莫能固秉臣节，君子是以知其不能克昌厥后，卒见吞于大国也。向使权从群臣之议，终身称汉将，岂不义悲六合、仁感百世哉？"孙之责吴，与习之推蜀，辞无二旨。则安国抑魏，义若严霜，论犹迅霆，诛贼乱，诚不稍假也。习氏《晋承汉统论》曰：

> 今若以魏为有代王之德，则其道不足；有静乱之功，则孙、刘鼎立。道不足，则不可谓制当年，当年不制于魏，则魏未曾为天下之王。王道不足于曹，则曹未始为一日之王矣。……且夫魏自君之道不

正，则三祖臣魏之义未尽。义未尽，故假途以运高略；道不正，故君
臣之节有殊。虽我德惭于有周，而彼道异于殷商故也。……夫欲尊其
君，而不知推之于尧舜之道，反厝之于不胜之地。岂君子之高义，请
于是止矣。

习氏所以厉臣节者诚殷，然又以魏自君之道不正，明晋亦"无
逆取之嫌"。似刘、萧以往，不尚纯臣之节，皆昉于此钦！若夫汉蜀
之间，事非以暴易暴。故凛然正义，下视僭乱之代，辞旨迥殊。故
迹或有符，而予夺各异，权变陆离，义乃益精。此《春秋》贵正之
词所以为卓绝也。《宋略》于司马休之举兵内向，裴子野曰："司马
休之之动，非其时也。天方厌晋，罔敢知吉。己虽欲得，无乃违天
乎？五运无不亡之国，为废姓受朝，贤若三仁，且犹颠沛，而况豪
侠哉？昔中原殄寇，道尽于时，四海争秦，岂徒系晋。得失存乎大
义，故能遂荒南土，其兴也勃焉，至义熙不异于是矣。而宋家（疑
宗室误文）支离，未忘前事，波逆越逸，祸将日寻，岂勘黎之伐宏
少，特咎周之徒孔炽。"诚以徒德受命，百姓与能，汤武鼎革，闻诛
一夫，非所与于君也。况曹、马规模，群盗相袭，元勋佐命，胥自
寒人，而清华世胄，亭亭物外（见赵氏《论江左世族无功臣》《南朝
多以寒人掌机要》二条）。俯瞩风尘，自无取于君臣之固也。刘子玄
谓："张祎阴受君命，戕贼零陵，乃守道不移，饮鸩而死。虽古人铟
麑义烈，何以加诸？……事皆阙如，何以申其褒奖？"乃不见子野
既致惜于休之，更何有于张氏。刘宋受命，何异萧陈，而几原独许
其为"义取天下"。至乎唐世，为说不殊。则以江东以来，悠悠百
年，丰功伟烈，所未曾有。尊其诛攘之勋，略其篡夺之咎，盖种族
之情殷，故禅代之责恕也。若《史通》言："当宣、景开基，或列营
渭曲，见屈武侯。或发仗云台，取伤成济。陈（寿）、王（隐）、陆
（机）、虞（预），栖毫靡述。至凿齿乃申以死葛走达之说，抽戈犯跸
之言。历代厚诬，一朝永雪。考斯人之书事，乃古之遗直钦？"以
今考之，干宝《晋纪》称："成济问贾充曰：事急矣，若之何？充曰：
公畜养汝等，为今日之事也，夫复何疑。"又称："王经正直，不忠

于我，故诛之。"是述云台事也。孙盛《阳秋》称："遗高祖巾帼。
巾帼，妇人之饰，欲以激怒，冀获曹咎之利。"是述渭曲之事也。皆
直书晋恶，不为回由。干、孙、习氏，皆百世之铁钺也。振已绝之
纲维，伸笔伐于衰俗，岂徒绝桓氏之觊觎，彰枋头之失利，所谓义
形于色者耶？

六　史例之进步

中国史籍之富，并世诸国，莫能与抗，而究论作史之法，亦以
中国为最先，《史通》固其选也。《史通》言："夫史之有例，犹国
之有法，国无法则上下靡定，史无例则是非莫准。昔夫子修经，始
发凡例，《左氏》立传，显其区域。迄乎有晋，年逾五百，虽史不
乏才，而斯文终绝。唯令升先觉，远述丘明，重立凡例，勒成《晋
纪》，邓、孙以下，遂蹑其踪，史例中兴，于斯为盛。"《春秋》以变
文见义，事不必论，干、孙以下，乃有恒规，此则《史通》之所由
仿也。干宝之释五志也，"体国经野之言则书之，用兵征伐之权则书
之，忠臣烈士孝子贞妇之节则书之，文诰专对之辞则书之，才力技
艺殊异则书之"。盖所谓"审正得序"，而能祛史不胜史之弊，为何
如耶？此其所以当五百年史例中兴之盛者耶！《文心雕龙·史传篇》
曰："《春秋》经传，举例发凡。自《史》《汉》以下，莫有准的。至
邓璨《晋纪》，始立条例，又撮汉魏，宪章殷周，虽湘川曲学，亦
有心典谟。及安国立例，乃邓氏之规焉。"则邓氏亦言史例之俊也。
《史通》又曰："杜预申以注释，干宝借为师范。"（《申左篇》原注云：
事具干宝《晋纪·叙例》中）知干之立例，又本于杜之释《左》。杜
氏《春秋经传集解序》曰：

> 故发传之体有三，而为例之情有五：一曰微而显，文见于此，而
> 起义在彼。称族尊君命，舍族尊夫人，梁亡，城缘陵之类是也。二曰
> 志而晦，约言示制，推以知例。参会不地，与谋曰及之类是也。三曰

婉而成章，曲从义训，以示大顺。诸所讳辟，璧假许田之类是也。四曰尽而不污，直书其事，具文见义。丹楹，刻桷，天王求车，齐侯献捷之类是也。五曰惩恶而劝善，求名而亡，欲盖而章。书齐豹盗，三叛人名之类是也。

杜之说《左》，而干、孙沿之。依准丘明，遂承杜义。然荀悦述《汉纪》，其《序》曰："夫立典有五志焉：一曰达道义，二曰彰法式，三曰通古今，四曰著功勋，五曰表贤能。于是天人之际，事物之宜，粲然显著，罔不备矣。"殆杜之释《左》，又因乎荀之述《汉》。六代之史，盛于编年，固自荀氏首启之也。邓、孙之说既亡，沈、魏之书又略，于后言史例者，唯魏澹耳。《隋书》著澹之史例：

其一曰：《曲礼》天子不言出，诸侯不生名，诸侯尚不生名，况天子乎？若为太子，父前子名，礼之意也。至如马迁，周之太子皆言名，汉之储两没其讳，恐非其义。班固、范晔、陈寿、王隐、沈约，参差不同，尊卑失序。至于魏收讳储君之名，书天子字，过又甚焉。其二曰：三代之英，贤圣相承，莫过周室。名器不及后稷，追谥止于三王。魏氏以前，部落之君长耳，太祖远追二十八帝，并极崇高，当须直笔，裁而正之。其三曰：南巢桀亡，牧野纣灭，未尝隐讳，直笔书之。而太武、献文并皆非命，杀主害君，莫知名姓，逆臣贼子，何所惧哉？兵交御坐，而可隐没乎？其四曰：楚问九鼎，吴征百牢，无君之心实彰，夫子刊经，皆书曰卒。自晋德不竞，宇宙纷崩，聘使往来如敌国，及其终也，书之曰死，便同庶人，存没顿殊。今所撰诸国，凡处华夏之地者，皆书曰卒，同之吴楚。其五曰：壶遂发问，马迁答之，义已尽矣，后之述者，仍未领悟。董仲舒、司马迁之意，本云《尚书》者隆平之典，《春秋》者拨乱之法。兴衰理异，制作亦殊。治定则直叙钦明，世乱则辞兼显晦。故云周道废、《春秋》作焉，尧舜盛、《尚书》载之是也。汉兴以来，改正朔，易服色。臣力诵圣德，仍不能尽。余所谓述故事，而君比之《春秋》，谬哉！然则纪传之体，出自《尚书》，不学《春秋》，明矣。（节引）

魏收云："鲁史既修，达者贻则，子长自拘纪传，不存师表。盖泉源所由，地非企及，虽复逊辞畏圣，亦未思纪传所由来也。"史例之说，至是已著，复又别启新途，以《尚书》述隆平，而《春秋》为拨乱。纪传编年，准此殊致。唐迄北宋，尚或述之。至说尼父之经，同商君之律，倘亦自魏氏而启欤！夫班之于例，视马为优（刘子玄说）。蔚宗犹谓："班氏最有高名，既任情无例，不可甲乙，惟志可推耳。博赡可不及之，整理未必愧也。"其睥睨孟坚，自负已甚。叶水心亦有蔚宗书"用律精深"之叹。是三史相承，后则益整。盖编年之家，假《春秋》以启其端，作纪传者从而踵其成规，而史例遂以益密。饮水思源，则循颂子玄之书，而后知荀、杜、干、孙肇造之功为不可没也。以子玄之书，校诸五典、五志，识小识大，相去何其远也。至若陆机以降，议断限者非一，以罔关于宏旨，不复觇缕。

七　史体之发达

张辅《名士优劣论》云："世人论司马迁、班固才之优劣，多以固为胜。余以为失。迁之著述，辞约而事举，一叙三千年事，唯五十万言。固叙二百年事，乃八十万言。烦省不敌，固不如迁，此真所以为良史也。"而干宝著书，盛誉丘明，深抑子长。其义云："能以三十卷之约，囊括二百四十年之事，靡有遗也。"言史贵约，实晋人之创论，赞编年，退纪传，此又一义焉，非但述丘明立凡例而已。于是班、荀二体，角力争先。《春秋》以还，编年之作，至是而再振。范晔云：《春秋》者文既总略，好失事形，今之拟作，所以为短。纪传者，史、班之所变也，网罗一代，事义周悉。适之后学，此焉为优。"蔚宗于编年盛行之后，更吹纪传已死之灰，与两宋二派相争之情无少逊。而唯执网罗周洽以为言，仅断断致辩于博约，则视宋代各所持论，惜霄壤之不侔也。自是编年为新程，纪传为旧轨，分途竞爽，难诘风生。然纪传之中，亦颇有能越乎班、马之故步，非徒乞灵于枯骨者。刘知几言："鱼豢、姚最著魏梁二史，巨细毕载，而俱膀之以略。"斯其为名已殊，寻察佚文，则为传之实更异。今其可知者，有《佞幸传》《游说传》《儒宗传》《纯固传》《苛吏传》《清介传》《勇侠传》《知足传》《西戎传》，杂传之多，此盖为最。刘氏惟论王晋之《十士》《寒俊》，沈宋之《二凶》《索虏》，固不逮鱼氏之密也。若《隋书·许善心传》称：

> 善心父亨撰著《梁史》，未就而殁。善心述成父志，成七（当作六）十卷。《四帝纪》八卷，《后妃》一卷，《三太子录》一卷，为一帙十卷。《宗室王侯列传》一帙十卷，《具臣传》二帙二十卷。《外戚传》一卷，《孝德传》一卷，《诚臣传》一卷，《文苑传》二卷，《儒林传》二卷，《逸民传》一卷，《数术传》一卷，《藩臣传》一卷，合一帙十卷。《止足传》一卷，《列女传》一卷，《权幸传》一卷，《羯贼传》二卷，《逆臣传》二卷，《叛臣传》二卷，《叙传论述》一卷，合一帙十卷。（依《北史》补正，许亨为陈人，故论之于此。）

具臣、杂传，同有二帙，各占其半，则不徒为类之多，而居全书之量已宏，汉唐纪传，未有若此者也。何法盛作《晋中兴书》，《史通》言："东晋之史，作者多门，何氏实居其最。"何之元《梁典序》曰："法盛《晋书》，变帝纪为帝典，既云师古，在理为优。"《史通》言："法盛改表为注。"又言："何氏《中兴》，易志为说。"（《题目篇》误作记，此依《书志篇》校正。）何氏改纪曰典，改表曰注，改志曰说，改传曰录，悉易旧名也。至其为录，则更自创新规，无复旧矩，其佚文之可考者，曰《陈郡谢录》《颍川庾录》《济阴卞录》《会稽贺录》《琅琊王录》《济阳江录》《陈郡袁录》《太原王录》《顺阳范录》《陈留阮录》《范阳祖录》《浔阳陶录》《太原温录》《高平郗录》《吴郡顾录》《丹阳纪录》《汝南周录》《丹阳薛录》《汝南应录》《东阿郭录》《会稽虞录》《庐江何录》《琅琊诸葛录》《陈郡殷录》《会稽孔录》《丹阳陶录》《太康孙录》。又有《桓录》《荀录》《陆录》《干录》，亦必原系地望，而后之称引者或略之。亦有《桓玄录》《刘隗录》，宗室王者曰《威蕃录》，戎狄之君又曰《胡录》。其

《悬象说》，则天文志也。《征祥说》，则符瑞志也。夫岂苟为异同，决荡班、马。诚以门阀既崇，族高地盛，非家以世系，则不能曲畅事情。李延寿依之作南、北史，盖六朝之事，殊于往代，非此莫宣。鱼氏以还，杂传之多，义亦犹是。岂得已而不已者耶？诚以一代之史，期以畅一代之情。而世之先后既殊，斯事之轻重匪一。作者之于旧体，自宜或散或合，有创有因。必百变其端，乃所以为心同貌异。效颦学步，马、班之鬼，宁忍是哉？自唐以降，正史狃于恒格，后学遂不措意于六代纪传之别裁，鱼目明珠，昏不知省，亦可喟矣。纪传既立新规，编年亦非旧轨。《陈书》言：

> 何之元以梁氏肇自武皇，终于敬帝，七十五年行事，草创为三十卷，号曰《梁典》。序曰：梁有天下，自中大同以前，区宇宁晏。太清以后，寇盗交侵。首尾而言，未为尽美，故开此一书，分为六意：以高祖创基，因乎齐末，寻宗讨本，起自永元。今以前如干卷为追述。高祖生自布衣，长于弊俗，爰逮君临，弘斯政术，四纪之内，实云殷阜。今以如干卷为太平。世不常夷，时无恒治。今以如干卷为叙乱。高祖晏驾，太宗幽辱，拨乱反正，厥庸在斯。今以如干卷为世祖。至于四海困穷，五德升替，敬皇名立，仍以禅陈。今以如干卷为敬帝。骠骑王琳，崇立后嗣，虽不迭天命，然为其忠节。今以如干卷为后嗣主。至在太宗，虽加美谥，而大宝之号，世所不遵，盖以拘于贼景故也。承圣继历，自接太清，神笔诏书，岂宜辄改。详之后论，盖有理焉。

则荀氏编年之作，斯又独树异帜者焉。若《史通》言："陆机《晋书》，直叙其事，竟不编年，年既不编，何纪之有！"机之自申，则谓："三祖实终为臣，故书为臣之事，不可不如传，此实录之谓也。而名同帝王，故自帝王之籍，不可以不称纪，则追王之义。"李德林称："陆机以刊木著于《虞书》，龛黎见于《商典》，以蔽晋朝正始、嘉平之议。"此三祖实终为臣之说也。又称："陆机见舜肆类上帝，班瑞群后，便云舜有天下，不须格于文祖。"此名同帝王之说也。机之义据，源本《尚书》。斯又出乎二体之外，别为一家之法，逸响孤方，莫为先后者也。王劭《隋书》，其制益伟，别章述之。

附录：

阮孝绪《七录目录·传记录》

国史部二百一十六种　注历部五十九种　旧事部八十七种　职官部八十一种　仪典部八十种　法制部四十七种　伪史部二十六种　杂传部二百四十一种　鬼神部二十九种　土地部七十三种　谱状部四十二种　簿录部三十六种

右十二部一千二十种。

《隋书·经籍志》史部目录

《史记》以下六十七部为正史　《纪年》以下三十四部为古史　《周书》以下七十二部为杂史　《赵书》以下二十七部为霸史　《穆天子传》以下四十四部为起居注　《汉武故事》以下二十五部为旧事篇　《汉官解诂》以下二十七部为职官篇　《汉旧仪》以下五十九部为仪注篇　《律本》以下三十五部为刑法篇　《三辅决录》以下二百一十七部为杂传　《山海经》以下一百三十九部为地理之记　《世本》以下四十一部为谱系篇　《七略》《别录》以下三十部为簿录篇

凡史之所记八百一十七部，开其事类为十三种，别为史部。

《史通·杂述篇》略曰：

爱及近古，史氏流别，殊途并骛，其流有十：一曰偏记，二曰小录，三曰逸事，四曰琐言，五曰郡书，六曰家史，七曰别传，八曰杂记，九曰地理书，十曰都邑簿。夫皇王受命，有始有卒，作者著述，详略难均。有权记当时，不终一代。若陆贾《楚汉春秋》、乐资《山阳载记》、王韶《晋安陆纪》、姚最《梁昭后略》，此之谓偏记者也。普天率土，人物弘多，求其行事，罕能周悉，则有独举所知，编为短部，若戴逵《竹林名士》、王粲《汉末英雄》、萧世诚《怀旧志》、卢子行《知己传》，此之谓小录者也。国史之任，记事记言，视听不该，必有遗逸。于是好奇之士，补其所亡，若和峤《汲冢纪年》、葛洪《西京杂记》、顾协《璅语》、谢绰《拾遗》，此之谓逸事者也。街谈巷议，时有可观，小说卮言，犹贤于已，故好事君子，无所弃诸，若刘义庆《世说》、裴荣期《语林》、孔思尚《语录》、阳玠松《谈薮》，此之谓琐言者也。汝颖奇士，江汉英灵，人物所生，载光郡国，故乡人学者，编而记之，若圈称《陈留耆旧》、周斐《汝南先贤》、陈寿《益部耆旧》、虞预《会稽典录》，此之谓郡书者也。高门华胄，奕世载德，思显父母，纪其先烈，若扬雄《家谍》、殷敬《世传》、孙氏《谱记》、陆宗《系历》，此之谓家史也。贤士贞女，百行殊途，取其所好，各为之录，若刘向《列女》、梁鸿《逸民》、赵采《忠臣》、徐广《孝子》，此之谓别传者也。阴阳为炭，造化为工，流形赋象，于何不育，求其怪物，有广异闻，若祖台《志怪》、干宝《搜神》、刘义庆《幽明》、刘敬叔《异苑》，此之谓杂记者也。九州土宇，万国山川，物产殊宜，风化异俗，各志本国，明此一方，若盛弘之《荆州记》、常璩《华阳国志》、辛氏《三秦》、罗含《湘中》，此之谓地理书者也。帝王桑梓，列圣遗尘，书其轨则，龟镜将来，若潘岳《关中》、陆机《洛阳》《三辅黄图》《建康宫殿》，此之谓都邑簿者也。考兹十品，征彼百家，史之杂名，流尽于此矣。如《吕氏》《淮南》《玄晏》《抱朴》，凡此诸子，多以叙事为宗，举而论之，抑亦史之杂也。但以名目有异，不复编于此科。

八　史识

刘鉴泉氏曰：

　　史之有论断，非专以褒贬也，乃指点抑扬，以尽情事也。华、范以降，纪传之论渐冗，刘知几已言之。编年则以不如纪传之综合一篇，随意所置而无限制，尤易泛冗。因事抒议，几同子书。后世论断，纤碎少宏旨，求其成家，必在唐以前矣。唐前编年存者，荀氏、袁氏；遗文可见者，干氏、孙氏、习氏、裴氏。荀书为断代编年之祖，其论已繁于《左氏》，多是子家之嘉言，而非史家之要义。袁氏《后汉纪》则不止是。其论或洞达汉故，或阴讽当时，虽多而不泛滥。党锢一段，尤有卓识。历举战国之游说，汉初之任侠，西京之守文，东京之肆直，顺述四风，详其迁变，论其短长。自古史家皆重观风，而未有显著若是者。用观子之法观史，以兼包各尽为主，尤见宗旨，非独编年诸家之所无，抑亦马、班以后之仅见。孙氏《晋阳秋》所论，渐局于一人一事，少通观之识。干氏《晋纪·论晋武革命》及《总论》二篇，则尤异焉。《论革命》篇，举数种外禅内禅、革命征伐之异。又谓古受命以始，晋受命以终，明其得之草率。马迁无土不王之论，项羽重瞳之辞，微婉文谪，貌异心同。《总论》一篇，详言晋之异于先代，因及风俗之靡。称颂周德，谓民情风教，国家之本，扬于一代，罩及妇女。征天下无穷人之谚，免官天子之谣，以为激射。傅玄、刘毅、傅咸、鲁褒之言，以见一时之势。由政及风，因文得事，史识之妙，于此可征。岂独非帝王家谱相析书之见，即彼能知盛衰之纪者，亦未必皆如是之宏远也。刘知几评论赞，于马、班以降，独称干、范与裴、袁，而以彦伯为务饰玄言。盖矫烦多之病，而未以所言第其高下也。司马《通鉴》之论，止承荀法，其选论赞，颇为不苟：凡录荀论一，裴论四，干论一，而袁论乃见遗。是知史家观风立旨之意，不明久矣。

附录：

袁宏《后汉纪》论党锢

春秋之时，礼乐征伐，霸者迭兴，以义相持，故道德仁义之风，往往不绝。虽文辞音制，渐相祖习，然宪章轨仪，先王之余也。战国纵横，强弱相凌，臣主侧席，忧在危亡。莫不旷日持久以延名业之士，而折节吐诚以招救溺之宾。故有开一说而缙执珪，起徒步而登卿相，而游说之风盛矣。高祖之兴，草创大伦，解赭衣而为将相，舍介胄而居庙堂。皆风云豪杰，崛起壮夫，非有师友渊源，可得而观。徒以气勇武功，彰于天下，而任侠之风盛矣。逮乎元、成、明、章之间，尊师稽古，宾礼儒术，故人重其学，各见是其业，徒守一家之说，以争异同之辨，而守文之风盛矣。自兹以降，主失其权，阉竖当朝，佞邪在位。忠义之士，发愤忘难，以明邪正之道，而肆直之风盛矣。夫排忧患，释疑虑，论形势，测虚实，则游说之风有益于时矣。然犹尚谲诈，明去就，间君臣，疏骨肉，使天下之人，专徇利害，弊亦大矣。轻货财，重信义，忧人之急，济人之险，则任侠之风有益于时矣。然竖私惠，要名誉，感意气，雠睚眦，使天下之人轻犯叙之权，弊亦大矣。执诚说，修规矩，责名实，殊等分，则守文之风有益于时矣。然立同异，结朋党，信偏学，诬道理，使天下之人奔走争竞，弊亦大矣。崇君亲，党忠资，沽名行，厉风俗，则肆直之风有益于时矣。然定臧否，穷是非，触万乘，陵卿相，使天下之人自置于必死之地，弊亦大矣。

干宝《晋纪·总论》

晋之兴也，功烈于百王，事捷于三代，盖有为以为之矣。宣、景遭多难之时，务伐英雄、诛庶桀以便事，不及修公刘、太王之仁也。受遗辅政，屡遇废置，故齐王不明，不获思庸于亳，高贵冲人，不得复子明辟。二祖逼禅代之期，不遑待三分八百之会也。是其创基立本，异于先代者也。又加之以朝寡纯德之士，乡乏不二之老，风俗淫僻，耻尚失所。学者以《老》《庄》为宗而黜六经，谈者以虚荡为辩而贱名检，行身者以放浊为通而狭节信，进仕者以苟得为贵而鄙居正，当官者以望空为高而笑勤恪，是以目三公以萧杌之称，标上议以虚谈之名。刘颂屡言治道，傅咸每纠邪正，皆谓俗吏。其倚杖虚旷、依阿无心者，皆名重海内。若夫文王日昃不暇食，仲山甫夙夜匪懈者，盖共嗤绌以为灰尘，而相诟病矣。由是毁誉乱于善恶之实，情愿奔于货欲之途。选者为人择官，官者为身择利。而秉钧当轴之士，身兼官以十数，大极其尊，小录其要。机事之失，十恒八九。而世族贵戚之子弟，凌迈超越，不拘资次。悠悠风尘，皆奔竞之士，列官千百，无让贤之举。子真著《崇让》而莫之省，子雅制九班而不得用，长虞数直笔而不能纠。其妇女庄栉织纴，皆取成于婢仆，而未尝知女工丝枲之业、中馈酒食之事也。先时而婚，任情而动，故皆不耻淫逸之过，不拘妬忌之恶，有逆于舅姑，有反易刚柔，有杀戮妾媵，有黩乱上下，父兄弗之罪也，天下莫之非也。又况责之闻四教于古，修贞顺于今，以辅佐君子者哉？礼法行政，于此大坏。如室斯构而去其凿契，如水斯积而决其堤防，如火斯畜而离其薪燎也。国之将亡，本必先颠，其此之谓乎？故观阮籍之行，而觉礼教崩弛之所由；察庾纯、贾充之事，而见师尹之多僻；考平吴之功，而知将帅之不让；思郭钦之谋，而悟戎狄之有衅。览傅玄、刘毅之言，而得百官之邪。核傅咸之奏、《钱神》之论，而睹宠赂之彰。民风国势如此，虽以中庸之才、守文之主治之，辛有必见之于祭祀，季札必得之于声乐，范燮必为之请死，贾谊必为之痛哭，又况我惠帝以荡荡之德临之哉？故贾后肆虐于六宫，韩午助乱于外内，其所由来者渐矣，岂特一妇人之恶乎。

九　汉以后有关古史之著作

司马迁作《史记》，自云："厥协六经异传，整齐百家杂语。"盖于时汉武帝方崇儒术，"罢黜百家，表章六经"，史迁乃"考信于六艺""折衷于夫子"。然是非颇缪于圣人，诚以涉猎者广，学问者杂，疏略牴牾，势所不能免也。即以班固《汉书》言之，于《史记》之补其阙失，匡其谬误，宁止一二。拾遗正误，是诚有俟于后贤。《史通》言："巴西谯周，以迁书周秦以上，或采家人诸子，不专据正经，于是作《古史考》二十五篇，皆凭旧典，以纠其谬，与《史记》并行于代。"诚以时经两汉，考论明而是非略定，谯周所资以立论者，固与马迁异也。迁依宰予所传《五帝德》《帝系姓》作本纪始黄帝，而宓牺、神农虽著见于《春秋》《易传》，亦遭摈落，致后代论遂古者，徒为纷纷。而谯周依伏生、郑玄诸儒西汉之通说，以燧人为百王之首。说燧人、伏羲、神农为三皇（《曲礼正义》引），黄帝、颛顼、帝喾、唐尧、虞舜为五帝（《史记正义》及《索隐》引），此殆两汉之恒言，非周一人之私说。又云：

古者茹毛饮血，燧人初作燧火，人始燔炙。燧人次有三姓，乃至伏羲，制嫁娶以俪皮为礼，作卦观象而作网罟。伏羲次有三姓至女娲，后五十姓至神农。作耒耜教民耕农，民方食谷，释米加烧石之上而食之。神农至炎帝一百三十二姓。大庭氏姜姓，以火德王，故号曰炎帝。炎帝之后凡八代五百余年轩辕氏代之。黄帝时始有釜甑，火食之道成矣。（以意连缀诸书所引）

言颇秩然有序，符于历史发展之迹，仅述中更几姓，不取十纪万年千年之荒唐，其所依据不可具知，而说必有所本，为两汉所同信，则可知也。此固足以补马迁之缺者。其言："《国语》云，世后稷以服事虞夏，言世稷官，是失其代数也。若以不窋亲弃之子，至文王千余岁惟十四代，实亦不合事情。"又言："契生尧代，舜始举之，必非喾子，以其父微故不著名。""弃，帝喾之胄，其父亦不著。"又言："《春秋传》燕与子颓逐周惠王者，乃南燕姞姓也，《世家》以为北燕，失之。"又说："徐偃王与楚文王同时，去周穆王远矣。且王者行有周卫，岂闻乱而独长驱、日行千里乎？"（章宗源辑《古史考》多漏缺，兹更依《通鉴外纪注》《史记索隐》及《正义》所引者用之。）此皆迁言显然错误，谯周所论皆足纠其失者也。周又言："秦既燔书，时人欲言《金縢》之事，失其本末，乃言成王少时病，周公祷河欲代王死，藏祝策于府。成王用事，人谮周公，周公奔楚，成王发府见策，乃迎周公。"此正驳《鲁世家》取伏生《大传》所记《金縢》事，与古文家说《尚书》相违。而史迁又取蒙恬三晋之说以附于后，与鲁人《尚书》乃大异，而谯氏斥之。于《孟荀列传》谯氏云："观太史公此论，是其爱奇之甚。"谯周书所以诋史公者非一，至以所据不同，见理各异，而斥史公之非，固以所资于时代认识之有殊，由今观之，诚不可为定论。又云："公伯缭是谗愬之人，非弟子之流，列七十二贤之数，盖太史公误。"则固也。

《晋书·司马彪传》言："初，谯周以司马迁《史记》书周秦以上，或采俗语百家之言，不专据正经，周于是作《古史考》二十五篇，皆凭旧典以纠迁之谬误。彪复以周未尽美也，条《古史考》中凡百二十二事为不当，多据《汲冢纪年》之义，亦行于世。"盖西汉经术有齐学、鲁学之殊，东汉则有今文、古文之异。郑玄网罗众典，为一家言。王肃取贾、马之说似驳郑氏，行于晋代。自是以后，南学宗王，北学宗郑。王肃伪窜《家语》《尚书》，此说大明于丁俭卿。南学多取汲冢古文，其论始发于刘申叔。司马彪固王学之徒，谯周则宗郑氏，而彪驳之。书虽不传，其事可揣而知也。皇甫谧作《帝王世纪》，孔颖达《尧典正义》引《晋书·皇甫谧传》言："姑子外弟梁柳边得《古文尚书》（伪孔安国），故作《帝王世纪》，往往载孔传五十八篇之书。"（此文不见于今之《晋书》）谧书宋翔凤有辑本。其书始天皇大帝曜魄宝，地皇为天一，人皇为太一，可谓诞矣。以伏羲、神农、黄帝为三皇，少昊、颛顼、帝喾、尧、舜为五帝，此为取于王肃伪《家语》之说，又妄以《庄子·胠箧》所言容成氏、大庭氏十余家为伏羲之后，而去《庄子》所引轩辕、伏羲、神农，又别益以《商君书》之昊英氏，《韩非书》之有巢氏，《吕览》之朱襄氏、葛天氏、阴康氏，《管子书》之无怀氏，共十五代，可谓狂矣。殆即本之班固《古今人表》而少损之，岂士安亦不解《人表》之意，而误以为伏羲之后耶！后来《金楼子》《六韬》之属皆承其妄，流传至于明清不绝，皆士安始为之俑也。至于夏著后羿、寒浞之事，于周著共伯和之事，羿、浞事见《左传》，共伯和事正王子朝所谓厉王居彘，"诸侯释位以间王政"，可信为实。《汲冢纪年》率皆证之，乃史迁遗而不录，士安于此可谓能补《史记》之阙也。惟《纪年》言："幽王死，申侯、鲁侯、许文公立平王于申，虢公翰立王子余，二王并立，余为晋文侯所杀，是为携王。"正王子朝所谓"携王奸命，诸侯替之"，事亦不诬。士安书不记此事，盖羿、浞、共和事皆见《古今人表》，而王子余则不见。知士安于此事，亦依《人表》为说也。然《史记》于殷周先世，取之《世本》而有所遗，班固于《人表》能补之，皇甫于班所补者皆以为字，则又妄也。迁书《六国年表》最为谬误，司马光于《通鉴考异》云："自鲁僖公五年正月辛亥朔旦冬至，推之至成公十二年、定公七年、元公四年、康公四年、缗公二十二年、汉高祖八年、武帝元朔六年、元帝初元二年十一月癸亥朔旦冬至，其间相距皆七十六年，此最为得实，又与《鲁世家》注皇甫谧所记皆合。"《史记》三家注于《鲁世家》多引《汲冢纪年》为说，亦颇引皇甫谧，盖谧书于考年为勤也。司马光又云："《史记·魏世家》云：惠王三十六年卒，子襄王立，襄王十六年卒，子哀王立，哀王二十三年卒，子昭王立。按《汲冢纪年篇》惠王三十六年改元，从一年始至十六年而称惠成王卒。太史公误分惠成之世，以为二王之年数也。《世本》惠王生襄王，而无哀王。魏史所书魏事，必得其真。"是温公于六国之年，原取证于《纪年》，而独以《鲁世家》注与皇甫谧所记皆合，亦见皇甫氏书似即取之《纪年》以改正史公之误。亦正今世论《六国年表》者所由取证。此亦士安始启其端，而导后人之先路者也。士安亦颇考春秋以前之年，以上至于三代以往，且各以干支纪岁。但仅据历法以论遂古之事，则亦大惑矣。于古代帝王都邑，亦考论至详，然所取者盖杂。司马彪《续汉书·郡国志》即专详于古之都邑，皆难可尽信。至条其星野分次，与蔡邕辈复不相同。至所论古代人口垦田之数，则其事至奇。谓：

> 禹平水土，九州之地，凡二千四百余万顷，定垦者九百二十万八千二十四顷，不垦者千五百万二千顷。民口千三百五十五万三千九百二十三人。及周公相成王，民口千三百七十一万四千九百二十三人，多禹十六万一千人。至齐桓公二年，周庄王之十三年，庶民凡千百八十四万七千人。除有土老疾，定受田者九百万四千人。至于战国，考苏、张之说，计秦及山东六国戎卒，尚存五百余万，推民口数尚当千余万。

以下接两汉三国户口。无论数非合理，即齐桓二年，从何得此统计数字，皆不可知。惟其必有所据，则可断言。司马贞云："按神农之后凡八代，事见《帝王代纪》及《古史考》，然古典亡矣，谯、皇二氏皆前代博文君子，考按古书，而为此说，岂至今凿空乎？"于今论之，神农八代之说，出《春秋命历叙》，《礼记·祭法》疏引之，当本于熊安生、皇侃辈之书。《索隐》之言，要为合理。且《吕氏春秋》又言"神农有天下十七世"。古书歧说多矣，谯、皇书虽琐碎，况谯氏迂曲，皇氏狂肆，是其所短；而古史奇文，亦赖以保存于后。即如汉之帝后，各有名字，此正班、范所遗，而皇别有所据也。故唐宋诸贤于其书多所征用，诚不可废矣。司马贞作《史记索隐》，又补《史记·三皇本纪》，大同皇氏之书。其言曰："太史公作《史记》，古今君臣，宜应上自开辟，三皇已还，君臣之始，教化之先，既论古史，不合全缺。近代皇甫谧作《帝王世纪》，徐整作《三五历》，皆论三皇以来事。今并采而集之，作《三皇本纪》。"此为司马贞之学源于皇甫谧之证。而于大庭至无怀十五君，亦正取皇甫之说。而谓："斯盖三皇以来有天下者之号，皇甫谧以为皆袭庖牺之号，事不经见，难可依从。古封泰山，首无怀氏，乃在太昊之前，岂得如谧所说。"则小司马之于皇甫，亦善而知其恶，污不至阿其所好者也。稍惜其不知据《古今人表》并共工、东扈、帝鸿、容成而并著之，亦一蔽也。其详说地道，备引《纪年》，正取法于士安。至其驳正旧说，横厉无前，亦皇甫氏之风也。《隋志》言《帝王世纪》起三皇，《玉海书目》言起太昊，今宋氏辑本，太昊以前，别著天皇、地皇、人皇，是皆不符《隋志》《玉海》所记。盖天、地、人三皇之在皇书，正如司马所补附存于卷后而已。至宋刘恕仍存此法。宋氏不知此意，列之太昊之前，翻为皇甫之累。宋氏又极言皇甫不用《伪孔尚书》，谆谆致辩。实则皇甫于《伪孔》或取或不取则有之，以为未见则非也。斯皆不知南学本源，罔用辞费。宋氏固以今文家法自诩，乃其不知家法如此。清人之学，大率如是，是又非特宋氏一人之失也。

怀疑古代传说，始于屈原，诋毁儒家载籍，极于韩非。此思想转变之一会也。孔融、嵇康讥讪汤、武，此思想学术转变之又一会也。下及唐代，于汉魏传统之说，莫不摧破而更张之。刘知几疑古之论，应运而发，于是刘轲、柳冕、萧颖士之伦，奋臆而谈，訾短五史，遂开欧、马之端。而启蒙之功，则子玄正所谓汝南晨鸡登坛先唤者也。刘氏谓："向使汉魏晋宋之君生于上代，尧舜禹汤之主出于中叶，俾史官易地而书，各序时事，校其得失，固未可量。"诚有迅雷惊霆、发聋振聩之劳者乎？其疑古之一言：

《虞书》美放勋克明俊德。陆贾《新语》又曰：尧舜之人，比屋可封。案《春秋传》云：帝鸿氏、少昊氏、颛顼氏各有不才子，谓之浑沌、穷奇、梼杌。此三族也，世济其凶，尧不能去。缙云氏有不才子谓之饕餮，以比三族，俱称云：舜举谷繇，不仁者远。是则谷繇未举，不仁甚多。弥验尧时，群小在位。又安得谓之克明俊德、比屋可封者乎？

其二言：

《尧典·叙》云：将逊于位，让于虞舜。案《汲冢琐语》舜放尧于平阳，而书云某地有城，以囚尧为号。（《括地志》云：故囚尧城在濮州鄄城县。《竹书》云：昔尧德衰，为舜所囚也。）据《山海经》，谓放勋之子为帝丹朱，而列君于帝者，得非舜虽废尧，仍立尧子，俄又夺其帝者乎？观近古奸雄，或废父而立其子，或黜兄而奉其弟。始示推载，终成篡夺。斯则尧之授舜，其事难明。谓之让国，徒虚语耳。

其三言：

《虞书·舜典》云：五十载，陟方乃死。注云：死苍梧之野，因葬焉。案苍梧者，汉称零、桂，山连五岭，地气歊瘴，百金之子，惮履其途。万乘之君，而幸其国。且舜何得以垂殁之年，更践不毛之地，兼复二妃不从，怨旷生离，万里无依，孤魂溘逝，让王高蹈，岂其若是者乎？自古人君废逐，若夏桀放于南巢，赵嘉迁于房陵，周王流彘，楚帝徙郴，语其艰辛，未有若斯之甚者也。斯则陟方之死，其殆文命之志乎？

其四言：

《汲冢书》云：舜放尧于平阳，益为启所诛。又曰：太甲杀伊尹，文丁杀季历。凡此数事，语异正经。推而论之，启之诛益，犹可覆也。何者？舜废尧而立丹朱，禹黜舜而立商均。益手握机权，势同舜禹，而欲因循故事，坐膺天禄，其事不成，自贻伊咎。观夫近古篡夺，桓独不全，马仍反正，若启之诛益，亦犹晋之杀玄乎？

其六言：

夫五经立言，千载犹仰，而求其前后，理甚相乖。何者？称周之盛也，则云三分有二，商纣为独夫。语殷之败也，又云纣有臣亿万人，其亡血流漂杵。斯则是非无准，向背不同者焉。又案武王为《泰誓》，数纣过失，亦犹吕相为晋绝秦，陈琳为袁檄魏，欲加之罪，能无辞乎？而后来诸子，竞列纣罪，有倍五经。自古言辛、癸之罪，将非厚诬者乎？

其九言：

《论语》曰：太伯可谓至德也已，三以天下让。案《吕氏春秋》所载云云，斯则太王钟爱厥孙，将立其父。太伯年居长嫡，地实妨贤。向若强颜苟视，怀疑不去，大则类吕伋之诛，小则同楚建之逐。虽欲勿让，君亲其立诸？案《春秋》晋士芴见申生之将废也，曰为吴太伯，犹有令名。斯则太伯、申生，事如一体，如云可谓至德，无乃谬为其誉乎？

十　北朝史学

自永嘉丧乱，中原文物，凋残尽矣。及魏灭沮渠，师儒所传，仅存于凉州者，稍稍发扬旧业。魏文迁洛，高标华化。际南朝文献之已颓，而北地振之。徐遵明、刘献之导其先路，苏绰、卢辩继之，及关朗、王通，则几于道微也。于时学有南北之歧，文有今古之辨。政术邦典，亦摈晋、宋之近迹，法汉、魏而上之。刊浮丽就质实，易靡曼为刚贞。其于道真，不中不远。孔子从先进，善野人，于南北风尚验之也。北人之学既殊，故治史者虽不若南人之盛，而实有其特具之识焉。《史通·杂说篇》云："或问王劭《齐志》，多记当时鄙言，是乎非乎？曰：古往今来，名目各异，区分壤隔，称谓不同。

如今谓中州名汉，关右称羌，易臣以奴，呼母云姊，主上有大家之号，师人致儿郎之称，如此甚多。必寻其本源，莫详所出，阅诸《齐志》，则了然可知。由斯而言，劭之所录，宏益多矣。"又《语言篇》云："王、宋著书，务存直道，方言世语，由此毕彰。"此非其独具高识、远出时流者耶！《载文篇》又曰："劭撰齐、隋二史，文皆诣实，理多可信，至于悠悠饰词，皆所不取。"《叙事篇》复曰："几原务饰虚辞，君懋志存实录，此美恶所以为异也。"王氏所由独步，子玄固能言之。而《隋书·劭传》言："劭为《齐书》，或文词鄙野，或不轨不物，骇人视听，大为有识者所嗤鄙。"刘知几亦言："王、宋之鄙碎，言殊炼金，事同鸡肋。"（《补注》）又曰："江左事雅，裴笔所以专工；中原迹秽，王文由其屡鄙。"则又随俗议评，是非靡准，是固子玄之陋耶？《劭传》又言："劭撰《隋书》，多录口敕，又采迂怪不经之语、委巷之言。"则劭之《隋书》，事犹《齐志》。而更有进者，宋《校隋书叙》曰："《隋书》自王劭以类为篇，至于编年纪传，并缺其体。"子玄亦言："王劭录开皇、仁寿时事，编而次之，以类相从，各为其目。寻其义类，皆准《尚书》。若乃帝王无纪，公卿缺传，则年月失叙，爵里难详。虽欲祖述殷周，宪章虞夏，观其所述，乃似《孔子家语》、临川《世说》，可谓画虎不成，反类犬者也。"（《六家篇》）则继《尚书》之作，开袁枢纪事本末一体之先，端属斯人。乃子玄必訾以画虎类犬，得为有识之论乎？《史通》论《尚书》"尧、舜二典，直序人事，《禹贡》一篇，唯言地理，《洪范》总述灾祥，《顾命》都陈丧礼，兹亦为例不纯者也"。夫《尧典》揭命官之纲，《禹贡》言地理之要，殷人尚鬼，自应备论灾祥，周人尚文，礼莫著于丧祭。此正《尚书》所见者大，近世言文化史者，庶几似之。子玄既讥《尚书》之为例不纯，自不解王氏准《尚书》之旨。读章实斋以来所论议，然后知言史足开千古之长夜者，君懋其人也。是时分隔南北，南谓北为索虏，北谓南为岛夷。李延寿父大师，欲为改正，拟《吴越春秋》，未就而卒，由君懋之法者，李氏亦史人之俊也。

第三章

中唐两宋

一 天宝后之文、哲学与史学

唐初之学，沿袭六代。官修五史，皆断代纪传一体。故《汉书》学，于时独显。与"从晋以降，喜学五经"者异也。徒能整齐旧事，无所创明。而中叶以还，风尚一变。则以唐之思想、学术、文艺之莫不变也。曰"宁道孔圣误，不言郑服非"，此唐初五经正义之学也。《新书·儒学传》言："啖叔佐善《春秋》，考三家短长，缝绽漏阙，号《集传》，赵匡、陆质传之，遂名异儒。大历时，助、质、匡以《春秋》，施士匄以《诗》，仲子陵、袁彝、袁彤、韦茞以《礼》，蔡广成以《易》，强蒙以《论语》，皆自名其学。"此皆唐之异儒，啖、赵之于《春秋》，亦卢同"《春秋》三传束高阁，独抱遗经究终始"之意也。施士匄以《诗》，亦以《春秋》。文宗所斥为"穿凿之学，徒为异同"者也。于是人自为学，独重大义，视训诂章句若土梗。先秦诸子之书，废置已久，至是则有来鹄之于《鬼谷子》，皮日休之于《司马法》，韩愈、柳宗元于《墨子》《列子》《荀卿》《孟轲》，皆颇出入。而杜牧于《孙子》，杨倞于《荀子》，卢重玄于《列子》，其议论尚皆可寻。至《唐志》所载，贾大隐、陈嗣古于《公孙龙》，胜辅于《慎子》，杜佑于《管子》，陆善经于《孟子》，皆为之注。尹知章遍注《管》《韩》《老》《庄》《鬼谷》，赵蕤作《长短经》，更综纵横儒法，自成一家。是皆一反隋唐传统之学，而乞灵于晚周百家之言。诸子之学，于是蔚起。其从事六经，亦以从事诸子之法求之，而义理之途遂启。《太玄》《法言》渐重于世，注者亦多。孟、荀、扬雄、王通之学尊，而郑玄、马融、杜预、何休之俦废矣。凡《隐书》《谗书》《两同书》《化书》《素履》《无能》《伸蒙》《续孟》之作，皆足以见思想解放之风，而渐入于尊儒之域。排斥释、老，若放淫辞。由解放之后而尊儒，与由传统之见地以尊儒，一内一外，大不侔也。以视清世之以治经之法治诸子，岂不霄壤间哉？思想学术之壁垒一新，则文学不能安于骈俪之旧，而古文之说倡。凡以古文名者，莫不与异儒共声气。李舟叙《独孤常州集》，梁肃序《李翰集》，独孤序《李华中集》，皆以萧颖士、李华、贾至、独孤及并论，信四家者为天宝以来古文之巨擘也。《萧颖士传》言"卢异、贾邕、赵匡、柳并执弟子礼，以次受业"。而陆质即学于赵匡，匡又学于啖助，则皆以《春秋》鸣者。吕温《与族兄皋请学春秋书》，遍论六艺，正大历异儒之旨。而吕温实学古文于梁肃，肃学于独孤及。梁肃而下，由韩愈而皇甫湜，而来无择，而孙樵，其渊源亦远矣。韩愈论中庸诚明之说，欧阳詹从而伸之。韩愈论性三品，皇甫湜从而伸之。至李翱之《复性书》三篇，极于道微也。即杜牧之偏于性恶之旨，斯亦本于韩氏三品之言。是其流既广，而义理之说益著。若陆质之序《东皋子》，其所见视李翱亦伯仲之间。凡古文家之与异儒，皆归于义理。故一则曰"效扬雄、王通之辞"，再则曰"取之六经"。则所谓文起八代之衰者，其思想与异儒为一致，又其人皆相互于师友之间。一质一文，相为表里。与夫唐初正义之学、骈俪之文、释老之教，划若鸿沟，隔如胡越。《汉书》之学，亦因之一蹶不起，而新史学乃萌于是也。

萧颖士为古文家之前驱，而排斥马、班，亦于此发轫。其《与韦司业书》曰：

> 孔圣因鲁史记而作《春秋》，托微辞以示褒贬，全身远害之道博，

惩恶劝善之功大。有汉之兴，旧章顿革。马迁倡其始，班固扬其波，纪、传平分，表、志区别。其文复而杂，其体漫而疏，事同举措，言殊卷帙。首末不足以振纲维，支条适足以助繁乱。于是圣明笔削之文废矣。仆欲依鲁史编年，起于汉元，终于义宁，约而删之，勒成百卷。应正朔者，举年以系代。分土宇者，附月以表年。于《左氏》取其文，《穀梁》师其简，《公羊》得其核。综三传之能事，标一字以举凡。挟孔、左而中兴，黜迁、固为放命。自汉元卒于大业，史籍填委，编年之作，亦往往而闻。终未能摧汉臣僭伪之锋，接鲁论之绪。附庸班、范，曾何足云。

萧之所以易班，其要曰约，曰褒贬义法，刘轲、柳冕又从而伸之，而编年之作再起也。萧颖士本传言："颖士谓《春秋》为百王不易之法。而本纪、列传不足为训。撰编年依《春秋》义例，书魏高贵乡公之崩，则曰司马昭杀帝于南阙。书梁敬帝之逊位，则曰陈霸先反。黜陈闰隋，以唐承梁。有太原王绪作《永宁公辅梁书》，黜陈不帝。颖士佐之，亦作《萧梁史谱》及《梁不禅陈论》，以发绪义例。"此所谓应正数、分土宇之说，皇甫湜之《东晋元魏正闰论》，盖即沿颖士而兴。以迄于宋，欧阳修、苏轼、陈师道皆作《正统论》，亦其绪也。褒贬义例之说，沈既济、陆长源之书，亦其志也。自裴光庭引李融、张琪、司马利宾等直弘文馆，撰《续春秋经传》，自战国迄隋。表请天子修经，光庭作传。义例编年通史之作，在唐为异军突起。其必期于褒贬书法者，亦言经量大义之比。以于时哲学思想，已别入一新时期也。

自萧、刘、柳诸家之论倡，盖亦有起而难之者，然终未能全离其说。皇甫湜之《编年纪传论》曰："合圣人之经者，以心不以迹。得良史之体者，在适不在同。编年纪传，何常之有。夫是非与圣人同，辨善恶得天下之中，不虚善，不隐恶，则为纪传、为编年，皆良史也。若论不足以析皇极，辞不足以杜无穷，虽为纪传编年，斯皆罪人。司马氏作纪作传，将以包该事迹，参贯话言，纤悉百代之务，成就一家之说，必新制度而骋才力焉。编年纪事，束于次第，牵于混并，必举其大纲而简于叙事，是以多阙载、多逸文。"持正此论，盖针对柳冕之说。冕之言曰："求圣人之道，在求圣人之心，求圣人之心，在书圣人之法。法者，褒贬凡例是也。"湜虽力伸纪传、抑编年，然曰"是非与圣人同，辨善恶得天下之中"，而主于论之足以析皇极，则于义例之说，未之能易也。李翱《答皇甫湜书》言："仆近得《唐书》，史官才薄，言辞鄙浅。不足以发扬高祖、太宗列圣明德，曾不如范晔、陈寿所为，况足拟左丘明、司马迁、班固之文哉？窃不自度，欲笔削国史，成不刊之书。用仲尼褒贬之心，取天下公是公非以为本。韩退之所谓诛奸谀于既死，发潜德之幽光，是翱心也。仆文彩虽不足以希左丘明、司马子长，岂尽出班孟坚、蔡伯喈之下耶？"习之友于持正，盖亦右纪传之作，而亦主于明褒贬、公是非，斯亦未能外于萧、刘之旨。又兢兢于雄文章，希左、马，是盖古文家必然之论也。观于萧、刘、柳氏之论，皇甫、李翱之说，而后知尹洙之《五代春秋》、吕夏卿之《唐书直笔》所为作，欧阳修之奚为重修《五代史》《新唐书》，又由编年之风，折而入于纪传，固有由也。

二 《五代史》《唐书》之重修与新旧史学

大历以还之新学，虽枝叶扶疏，而实未能一扫唐之旧派而代之，历五代至宋，风俗未能骤变也。旧者息而新者盛，则在庆历时代，然后朝野皆新学之流。五季宋初，新派学者皆潜在草野。若孔维、邢昺、杜镐、舒雅之校撰群经正义，刘昫、薛居正之撰《唐书》《五代史》，文则四六，诗则西昆，《太平御览》《册府元龟》《文苑英华》之集，皆旧派也，实沿《北堂书钞》《艺文类聚》之风。朝列所登，多吴、蜀遗臣，显途皆属旧派。而唐以来之新派，皆潜伏无声华。种放、穆修、柳开、孙复既皆肥遁，而隐居以经术文章教授者尤多，研几则以《易》，经世则以《春秋》，此固源于唐之新学者也。陆游曰："《易》学自汉以后浸微，宋兴有酸枣先生以《易》名家，同时种豹林亦专门教授，传至邵康节，遂大行于时。"《东都事略》言："王昭素，酸枣人，著《易论》三十篇，李、穆而下，有闻于时者，皆其门人也。子仁亦有潜德。"晁公武言："昭素隐居求志，行义甚高。"赵汝楳言："《易》灾异于西汉，图谶于东都，《老》《庄》于魏晋之交，赖我朝王昭素、胡安定诸儒挽而回之。"则酸枣先生于《易》学所系之重也。陈振孙言："皇甫泌著《易解》，其学得之于常州抱犊山人，而萧阳、游中传之。山人不知名，盖隐者也。"《东都事略》言："陈抟不乐仕进，隐居武当。"又言："种放隐居终南山豹林谷，闻陈抟之风，往见之。张齐贤称放隐居求志，孝友之行，可励风俗。"又言："穆修师事陈抟，而传其《易》学。方是时，学者从事声律，未知为古文，修首为之倡，其后尹源与弟洙始从之学古文，又传其《春秋》学。"（《宋史》言苏舜钦辈亦从修学《易》）又言："高弁从种放学于终南山，又学古文于柳开。"陈振孙言："王洙著《周易言象外集》，其序谓学《易》于处士赵期。"文彦博言："武陵先生龙君平，陵阳人，藏器于身，不交世务，闭门却扫，开卷自得。"范仲淹言："岷山处士龙昌期，论《易》深达微奥。"是见宋初新学诸儒，守唐人异儒，皆避世无闷，风操峻远。邵雍、胡瑗、孙复，何莫非幽栖岩穴，潜心道微，然后能光大其途。流风既广，而后能祛千载之弊，一洗空之。宋初以还，其人既众，其学亦博，若陈抟、刘牧、周、邵之渊源统系，于宋初之学，所系尤显。盖自唐季以来，学术猥鄙，风俗颓薄，宋兴尚未能革，刘鉴泉氏言："庆历以前先沿南，而后则沿北。"实则宋代先之显学，与后之显学有殊。经五季之乱，文章在南。庆历以后，新派勃盛，无南北皆新派也。李方叔《师友谈记》："欧阳公《五代史》最得《春秋》之法，盖文忠公学《春秋》于胡瑗、孙复。"柳、孙一派，殆至欧公而后显。自是以还，政治学术，皆焕然一新，涤荡污蔓，拔一世于清正之域。自天宝、大历以来发其端，至庆历而后盛。文化之肇造，革故而鼎新之，岂易言哉？以纪传一体言之，自马班而下，迄于清修《明史》。凡旧史既成而又别修新史者，事不恒见。苟有之，自必史学鼎盛之际。《后汉书》有七家、《晋书》有九家是也。皆有所不满于旧贯，而别作新书。《唐书》《五代》之有新旧书，职是故耳。若史学衰熄之际，旧作虽陋劣，固亦未有起而重修之者，辽、金、宋、元诸史是也。欧阳修本大历以来新学术之议论，自不洽意于刘、薛之书，而旧史重修之事遂以再起。陈师锡序《新五代史记》曰：

> 五代距今百有余年，故老遗俗，往往垂绝，无能道说者。史官秉笔之士，或文采不足以耀无穷，道学不足以继述作。庐陵欧阳公慨然以自任，潜心累年，而后成书。其事迹实录，详于旧记，而褒贬义例，仰师《春秋》。由迁固而来，未之有也。

其曰"道学"，曰"义例"云者，正萧、刘以来之说也。曰"文采"云者，李翱之说也。柳冕以来，法《春秋》而扬编年，此则绍述纪传，则皇甫氏之说也。近人恒言欧公不自言作书之意，实则唐以来之议论，已为一世之通说，又何俟欧公之自道哉？欧公亦不过取持正、习之虚言而实现之耳。晁公武言："永叔以薛居正史繁猥失实，重加修定。"孔欧孟言："《旧五代史》文体劣弱，欧公一削其芜，但笔法谨严，叙事疏略，《司天》《职方》二考，又为未成之书。"盖减截繁秽，归于简洁，亦唐以来之恒论。欧公既未能踵马、班而作书志，二考又为未成之书，则重人治而忽法治，亦于时普遍之见也。曾公亮《进唐书表》曰："唐三百年治乱兴衰，宜其粲然著在简册，而纪次无法，文采不明。惟唐不幸，接乎五代，衰世之士，气力卑弱，言浅意陋，不足以起其文。"陈振孙亦言："《旧史》成于五代文体卑弱之时，论赞多用俪语，不足传。"此皆文章之说也。吴缜《新唐书纠谬》序言："修纪志者则专以褒贬笔削为事，修传者则独以文辞华采为先。"晁公武亦言："议者颇谓永叔学《春秋》，每务褒贬。子京通小学，刻意文章。"此又及于理道之旨也。《新唐书》之作，盖犹乎《新五代史记》，亦沿萧、柳、皇甫、李翱之论，与刘敞、王安石辈无二致也。《能改斋漫录》《困学纪闻》并谓："庆历以前，多遵章句注疏之学，谈经者守训诂而不凿。自刘原父为《七经小传》，始异诸儒之说，而稍尚新奇。王荆公修经义，盖本于原父。"此所谓庆历以前，即宋初显学，沿于唐之旧派者也。庆历以后之显学，则本于唐之异儒，属于新派者也。文起八代之衰，而道继千四百年之绪，为一世言学之宗趣。《新唐书》《新五代史》者，即本此宗趣以重修旧史者也。

四　孙甫与司马光

纪传有书志，自荀悦作《汉纪》，约班书为编年，而书志之文，亦散存其间。唐柳芳作《唐历》四十卷，崔龟从又《续唐历》二十二卷，晁公武谓："《唐历》不立褒贬义例，而叙制度为详。景迂生亟称之，以为《通鉴》多取焉。"自荀氏以来，编年之书，未有不备制度者也。《唐会要》言："姚思廉（应从《史略》作姚康复）撰《通史》（应从《史略》作《统史》）三百卷上之，自开辟至隋末编年，纂帝王美政善事诏令，可利于时者必载，于时政、盐铁、管榷、和籴、赈贷、钱陌、兵数虚实、贮粮、用兵利害、边事戎狄，无不备载，下至释道烧炼，妄求无验，皆叙之矣。"此编年通史自姚氏始，萧氏《通典》，书或未成，成之自康复。于朝章政典，亦详著之。制度、褒贬二者，唐以来皆并举不遗。至孙甫为《唐史记》而事又殊，其论编年、纪传二体得失，亦颇有远过唐人者。兹取其说而论之，以见史学于此之又一变。

孙甫《唐史记序》曰：

> 古之史，《尚书》《春秋》是也。《尚书》记治世之事，作教之书也。《春秋》记乱世之事，立法之书也。至司马迁修《史记》，破编年体，创为纪传，盖务便于记事也。记事便则所取博，故奇异细碎之事皆载焉。于治乱之本，劝戒之道，杂乱而不明。有识者短之，谓纪传所记，一事分为数处，前后屡出。殊不知又有失之大者。夫史之记事，莫大乎治乱，君令于上，臣行于下；臣谋于前，君纳于后，事臧则成、否则败，此当谨记之某年。君臣有谋议，将相有功勋，与其众

行细事，杂载于传中，其体便乎？复有过差邪恶之事，以召危乱，不于当年书之，以为深戒，岂非失之大者？甫常有志于史，因《唐书》多失体法，怪异猥俗，无所不有。治乱之迹，散于纪传中，杂而不显，不足以明一代盛衰之由。遂据《唐实录》与《唐书》，兼采诸家著录，修为《唐史记》。旧史之文繁者删之，失去就者改之，意不足而有他证者补之，事之不要者去之，要而违失者增之，是非不明者正之。用编年之体，所以次序君臣之事。所书之法，虽宗二经文意，其体略与实录相类。以唐之一代，有治有乱，不可全法《尚书》《春秋》之体，又不敢僭作经之名。或曰：子之修是书，不为书志，则郊庙、礼乐、律历、灾祥之事，官职、刑法、食货、州郡之制，得无遗乎？答曰：郊庙而下，固国之巨典急务，但记其大要，以明法度政教之体，其备议细文，则有司之书，各有司存。为史者难乎具载也。

孙氏书在当时颇有盛誉，晁公武言：“孙甫《唐史要论》，欧阳永叔、司马温公、苏子瞻称其书议论精核，以为旧史所不及。”永叔亦言：“孙公甫喜言唐事，每为人说，听者晓然如目见，故学者谓晚岁读史，不如一日闻公论也。”之翰臧否二体，以治乱成败应于当年书之，此论视唐为有进。至吕伯恭说史，以为二体互有得失，谓“论一时之事，纪传不如编年，论一人之得失，编年不如纪传”。其言盖正为之翰而发，亦视唐人之说为有进也。孙氏于编年之中，而寓实录之法，则于一人之得失，亦庶可无憾耶？萧颖士、陆长源褒贬义例之旨，孙氏以“不敢僭经”而略之。柳芳、姚康复制度典礼之数，孙氏以“难乎具载”而损之。则编年之史，不可谓非至孙氏而一变。《资治通鉴》之作，编年通史，为沿之萧颖士、姚康复，遗褒贬，削制度，是则仿于孙氏者也。此司马之书，与欧公分流，而各有所导源者也。

《群书考索》称温公尝谓刘恕曰：“《史记》至《五代史》，千五百卷，诸生毕世不能举其大略。予欲因丘明编年之体，仿简要之文，网罗众说，成一家书。”《资治通鉴》未作之先，学者盖多习高峻《小史》，自司马书行，而高书遂废。虽曰温公以“文章议论，成历世大典”，而简要之谓，亦其旨焉。高似孙《史略》谓荀悦《汉纪》：

"此书专为正史繁博而作，辞约则事必省，事省则史必精。编年之作，难乎其详且细矣。王通氏曰：荀悦史乎！是盖知悦者也。而杜预尤为善言史者，有谓史之旧章，从而修之，故曰约史记而修《春秋》，殆此意欤？""辞约则史精"，斯盖于论为至美。取去严而后意执显，此之谓笔削，奚必褒贬而后为笔削哉？高似孙言："司马公《通鉴》，人但以为取诸正史。予尝穷极《通鉴》用功处，固有用史，用志传，或用他书，萃成一段者。则其为功切矣，其所采取亦博矣。乃以其所用之书，随事归之于下，七年而后成。《通鉴》中所援引者，二百二十余家。"此足以见温公搜求之广。司马公休曰："此书成，盖得人焉。《史记》、前后汉，则刘贡父。三国历九朝而隋，则刘道原。唐迄五代，则范纯仁。"此见为之助者亦众，况又历时久然后成书。其足以为宋代以来地位特高之作，至今不废者，非偶然也。纯仁既佐温公成《通鉴》，又别作《唐鉴》，自成一家之言。蔡绦谓："祖禹子温游相国寺，诸贵珰见之，皆指目曰'此唐鉴公之子'。盖不知祖禹为谁，独习闻有《唐鉴》也。"是其书于时亦最有高名。朱晦庵言："《唐鉴》有缓而不精确处，如言租庸调及杨炎二税之法，只云在于得人，不在乎法。是见熙宁间详于制度，故有激而言。"然温公之书，每訾短变法、毁斥用兵之类，盖亦以激于熙宁间事，翻为全璧之瑕，正不少也。韩仲止尝言："《唐论》有才术，《唐鉴》有学术，之翰史才也，淳夫则学者耳。"朱子亦曰："《唐鉴》有疏处。孙之翰《唐论》精细，说利害如身亲历。但理不及《唐鉴》耳。"而吕伯恭晚年则谓："《唐论》胜《唐鉴》。"诸家衡孙、范二氏书，得失若不同，自源各人学术之异。亦可见由孙而范，学术之已转变。至胡寅《读史管见》，而议益窳矣。陈振孙言："胡寅以《通鉴》事备而义少，故为此书，议论宏伟严正。"朱子曰："致堂《管见》，方是议论，《唐鉴》议论弱。"盖之翰为史家，谆甫为儒者，致堂则道学。理道之旨，三变而言益隘。议史不同，亦正由言学之日益殊也。

温公《与范内翰论修书帖》曰：

梦得今来所作丛目，方是将《实录》事目标出。其《实录》中事，应移在前后者，必已注于逐事下讫。自《旧唐书》以下，俱未曾附注，如何遽可作长编也。请将新、旧《唐书》纪志传，及统纪补录，并诸家传记小说，以至诸人文集，稍干时事者，皆须依年月日添附。但稍与其事相涉者即注之，过多不害。其修长编时，请据事目下所据新旧纪志传，及杂史小说文集，尽检出一阅。其中事同文异者，则请择一明白详备者录之。彼此互有详略，则请左右采获，错综铨次，自用文辞修正之。一如《左氏》叙事之体。此并作大字写。若彼此年月事迹有相违戾不同者，则请选择一证据分明、情理近于得实者，修入正文，余者注于其下。仍为叙述所以取此舍彼之意。大抵长编宁失于繁，毋失于略。

此温公告淳夫修长编法也。李巽岩云："温公与范太史议修《唐纪》，云已及百卷，既卒为八十卷，删削之功盛矣。"温公《与宋次道书》曰："唐文字多，托范梦得将诸书依年月编次为草卷，每四丈截为一卷，今已二百余卷，至大历末年耳。而后卷数又须倍此。共计不减六七百卷。又须细删，所存不过数十卷而已。"长编之法，今昔所推，所以搜罗放佚，考正异同，其事之巨且伟也。其后眉山李焘仁甫撰《续通鉴长编》，其《进书表》言：

> 司马光之作《资治通鉴》，先使其僚采摭异闻，以年月日为丛目。丛目既成，乃修长编。唐三百年，范祖禹实掌之。今臣纂集义例，悉用光所创立。错综铨次，皆有依凭。顾臣此书，讵可便谓《续资治通鉴》，姑谓《续资治通鉴长编》可也。旁采异闻，补实录、正史之阙略。参求真是，破巧说伪辨之纷纭。

于是长编之法，自范氏而至李氏，绪衍蜀中。叶水心曰：

> 李氏《续通鉴》，《春秋》之后，才有此书。自史法坏，谱牒绝，百家异传，与《诗》《书》《春秋》并行。而汉至五季事，多在记后。史官常狼狈收拾，仅能成篇。呜呼！其何以信天下也？《通鉴》由千有余岁之后，追战国秦汉之前则远矣。疑词误说，流于人心久矣。方将钩索质验，贯殊析同，力诚劳而势难一矣。及公据兴复之会，乘岁

月之存，断自本朝。凡《实录》《正史》，官府文书，无不是正就一律也。而又家录野记，旁互参审，毫发不使遁逸。邪正心迹，随卷较然。夫孔子之所以正时日月，必取于《春秋》者，近而其书具也。今惟《续通鉴》为然尔。故余谓《春秋》之后，才有此书，信之所聚也。虽然，公终不敢自成书，第使至约出于至详，至简成于至繁，以待后人而已。

夫至约之必应出于至详，而至繁之必刊为至简，水心之论，可谓彻始彻终，其推挹巽岩者至矣。于是井研李心传微之又作《建炎以来系年要录》，以与巽岩《长编》相续。其《朝野杂记》《旧闻证误》，一皆仁甫法也。范氏之绪，而二李广之。编年之体，至是由约而即于繁。于是眉州王偁作《东都事略》，亦一名著，纪传之体，至王氏又由至繁而出于简。二体辉映，其为变亦奇也。

六　新学、洛学、蜀学与史学

宋兴百年之间，仁宗之际，旧派之学始废，而新派遂盛。于是新派中又各分道扬镳，而王荆公、三苏、二程为之魁，各以学召后进。熙丰变法，王学独行，其学遂专新学之名。程为洛学，苏为蜀学，鼎立以相抗。元祐更化，荆公之徒失势，而洛党、蜀党、朔党之争起。朔党者，其人亦大率孙、石之徒，守新派之学，无所创树，而又不入于洛、蜀者也。故论北宋之学，必以此三家为巨擘。虽不能尽括一代，而其余竟为枝孽也。荆公期君为尧舜之君，民为尧舜之民，陋汉唐而追踪三代，自无所事史学。且置《春秋》不以取士，而诋之曰"断烂朝报"。元符中，薛昂乞罢史学。徽宗时，王学益重，昂为司成，士人程文有用《史记》、两《汉》语者辄黜落。《能改斋漫录》言："崇宁以来，专用王氏之学，非《三经》《字说》不用。至政和之初，蔡嶷、慕容彦逢、宇文粹中奏：欲时务策中参以汉唐历代事实为问，奏可。未几，李彦章奏：秦汉隋唐之事，流俗之学。今近臣进论，不陈尧舜之道，而建汉唐之陋。不使士专经，而使省流俗之学。"荆公虽主持变法，及其徒而后制度之学渐兴。然于汉唐之近迹，终以卑卑不足道。盖法汉唐则祖宗之政不得改，无以持异己者之口。故排史学若此其深也。程氏伯仲之学，直承孔子千五百年之传，义利之辨明，而得失之故疏，其卑视汉唐，与王氏等。谢显道观《汉书》，伊川曰："贤可谓玩物丧志。"于《春秋传自序》曰："夫子作《春秋》，为百王不易之大法，斯道也，惟颜子尝闻之。曰行夏之时，乘殷之辂，服周之冕，乐则韶舞，此其准的也。后世以史视《春秋》，谓褒善贬恶而已，至于经世之大法则不知也。"是孙复辈之说，至斯而一变也。朱晦庵承程氏之传，其云："看史者只是看人相打，有甚好处。"又云：《春秋》只是直载当时之事，要见当时治乱兴衰，非是于一字上定褒贬。"皆意符程氏。晦翁作《名臣言行录》及《通鉴纲目》，或亦染于南渡史学之盛而作，而稍变程氏之旨。《纲目》实法《春秋》之褒贬，盖取欧公、尹洙理道之说，以挽浙东功利之偏。刘鉴泉氏谓《言行录》"剪裁传状，次第始终，遗行讥论，则列于后。一事两书，则作夹注。或以考异，或为附详。体例精密，盖将以补正史。……具载各派议论，足以参互考求。实论世之要籍，正其所以为朱子之书"。夫言史而局于得失之故，不知考于义理之原，则习于近迹，而无以拔生人于清正理想之域，固将不免于丧志之惧。然苟持枵大无实之论，惟知以绳墨苛察为击断，是亦曲士庸人之陋，则又乌可以语至治之事哉？晦翁而后，浙东文献之传，与道学合流为一家。是盖以晦翁之气刚而度伟，固足以摄群伦而含万流，有以致之也。

北宋三家，惟苏氏能不废史学。二苏自述家学，皆谓以古今成败得失为议论之要。故所作史论，固多明烛情状之言。明允谓："史之难其人久矣。魏晋宋齐梁陈间，观其文章，则亦固当然也。所可怪者，唐三百年文章，非三代两汉为敌。史之才宜有如丘明、迁、固辈，而卒无一人可与范晔、陈寿比肩，吁其难而然哉。夫知其难，故思之深，思之深，故有得，因作《史论》。"兹录其文而论之。《史论》曰：

史何为而作乎？其有忧也。……仲尼之志大，故其忧愈大，是以因史修经，卒之论其效，必曰乱臣贼子惧。由是知史与经，皆忧小人而作，其义一也。其义一，其体二：故曰史焉，曰经焉。大凡文之用四：事以实之，词以章之，道以通之，法以检之。此经、史所兼而有之者也。虽然，经以道法胜，史以事词胜，经不得史，无以证其褒贬，史不得经，无以酌其轻重。经非一代之实录，史非万世之常法，体不相沿而用实相资焉。夫《易》《礼》《乐》《诗》《书》，言圣人之道与法详矣，然弗验之行事，仲尼惧后世以是为圣人之私言，故因赴告策书以修《春秋》，旌善而惩恶，此经之道也。犹惧后世以己为臆断，故本《周礼》以为凡，此经之法也。至于事则举其略，词则务于简，吾故曰经以道法胜。史则不然，事既曲详，词亦夸耀，所谓褒贬论赞之外无几，吾故曰史以事词胜。使后人不知史而观经，则所褒莫见其善状，所贬弗闻其恶实，吾故曰经不得史无以证其褒贬。使后人不通经而专史，则称谓不知所法，惩劝不知所祖，吾故曰史不得经无以酌轻重。经或从伪赴而书，或隐讳而不书，若此者众，皆适于教而已，吾故曰经非一代之实录。史之一纪、一世家、一传，其间美恶得失固不可以一二数，则其论赞数十百言之中，安能事为之褒贬，使天下之人动有所法如《春秋》哉？吾故曰史非万世之常法。夫规矩准绳所以制器，器所待而正者也，然而不得器则规无所效其圆，矩无所用其方，准无所施其平，绳无所措其直，史待经而正，不得史则经晦，吾故曰体不相沿而用实相资焉。噫！一规一矩一准一绳足以制万器，后之人其务希迁、固实录可也。慎无若王通、陆长源辈嚣嚣然冗且僭，则善矣。

明允之论，归于劝惩，斯固宋以来之恒言。至其示后人以务希迁、固实录，而无若王通、陆长源，则以鉴于中唐以迄欧公、尹洙之伦，专法褒贬义例，是明允于一时为绝识，故推明经史之体不相沿而用相资。上来史家，混并经史为一途，盖其蔽固已久也。自啖、赵以来，言《春秋》者皆左祖《公》《穀》，不取《左氏》，亦至子由而反之，其旨固本之明允，亦一代之绝识也。其《春秋集传·自序》曰："余少治《春秋》，时人多师孙明复，谓孔子作《春秋》，略尽一时之事，不复信史，故尽弃三传，无所复取。余以为左丘明鲁史也，孔子本所据依以作《春秋》，故事必以左丘明为本。丘明授经仲尼，躬览载籍。学者原始要终，究其所穷，斯得之矣。至孔子之所与夺，丘明容有不尽，故当参以公、榖、啖、赵诸人。"孙、石之论，盖至是而一变，亦以蜀学重史，故于经亦异于恒流也。子由又作《古史》，朱晦庵曰："近世之言史者，惟此书为近理。论司马迁以为浅近而不学，疏略而轻信，亦中其病。秦汉以来，史册之言近理而可观者，莫如此书。"苏氏延北宋一线史学之传，俾蜀之史著，风起云蔚，其为教亦宏矣。曾子固、刘贡父、原父亦颇致力于史，然于两汉六朝，皆校勘之功多，而罕所论列。刘鉴泉氏谓："北宋之古学者，二刘、王、曾为魁。然古学者多能见其大，然多高而不通。如原父之以全道横论百工（《百工说》），介甫之以时中纵论三圣（《三圣人》），与子固之论一与变（《战国策序目》），皆通识也。实斋之通，实本于此。"是数子者，亦一时之俊也。

七　南渡女婺史学之源流与三派

南渡之学，以女婺为大宗，实集北宋三家之成，故足以抗衡朱氏。而一发枢机，系于吕氏。以北宋学脉应有其流，而南宋应有其源也。北宋之学重《春秋》而忽制度，南渡则制度几为学术之中心。考陈振孙言："王昭禹《周礼详解》，其学皆尊王氏新说。"王与之言："三山林氏，祖荆公与昭禹所说。"指林之奇《周礼全解》也。林氏之学出于吕氏，而成公又从林氏学。故王应麟云："少颖说《书》，至《洛诰》而终，成公说《书》，自《洛诰》而始。则伯恭之于少颖，非泛泛也。"盖自荆公主变法师《周官》，其徒陆佃、方悫、马晞孟、陈祥道继之；为王门说《礼》四家，而制度之学稍起，魏了翁所谓方、马、陈、陆诸家，述王氏之说者也。至于林、吕而女婺经制之学以兴。盖龚原少从王安石游，笃志经学，凡永嘉先辈之学沈躬行之徒以经鸣者，渊源皆出于原。林、吕皆出于是，此女婺之学有源于王氏者，不可诬也。王淮言："朱（晦庵）为程学，陈（龙川）为苏学。"《隐居通义》言："灵卧吴先生曰：近时水心一家，欲合周、程、欧、苏之裂。"此女婺之学远接苏氏，又不可诬也。盖庆历而后，程、王二派皆卑视汉唐，故轻史学，北宋史学一发之传，则系于苏，故至南渡，二李、三牟上承范氏，史犹盛于蜀。史称王应麟与汤文清讲西蜀之史学、永嘉之制度是也。女婺之学偏于史，可谓远接苏氏之风乎！吕、叶、二陈皆以文名，固亦规摹苏氏，故朱子有"伯恭爱说史学""护苏氏尤力"之说。其先后相承脉络固若此，而后人必以女婺之学系之伊洛一派，然其为学本末，判然与伊洛不牟，彰彰可知。以女婺之学亦有本之伊洛者则可，谓纯出于伊洛则不可。黄潜曰："婺之学，有三家焉，陈氏先事功，唐氏尚经制，吕氏善性理，在温则王道甫尝合于陈氏，而其言无传，陈君举为说皆与唐氏合，叶正则若与吕氏同所出。"袁桷曰："女婺史学之盛，有三家焉：东莱之学，据经以考异同，而书事之法，得之于夫子义例。以褒贬而言者，非夫子旨矣。龙川陈同甫急于当时之利害，召人心，感上意，激顽警媮，深以为世道标准。说斋唐与政搜辑精要，纲挈领正，俾君臣得以有考，礼乐天人图书之会粹，力返于古。"盖女婺之学，萃洛、蜀、新学三家于一途。吕氏尚性理，则本子程者为多。唐氏尚经制，则本于王者为多。陈氏先事功，则本于苏者为多。既合三而为一，复别一而为三，衡学术流别，斯又未可置而不论也。明时俗学、类书一派，多本之陈君举，故《四库类目》于吕、唐典制之作，悉收入类书；而策论一派，导源苏氏；言纲目义例一派，源于洛闽。末流之弊，可胜言哉！王祎曰：

> 圣人之经，儒者之传，诸子百家之著述，历代太史之记录，以及天文、地理、律历、兵谋、术数、字学、族谱之杂出，皆学者所当读而通之者也。虽然，学问无穷，诚有不能遍观而尽识者。惟圣人之经，则弗可以莫之究也。先王之道，所以立天下之大本，先王之制，所以成天下之大业，皆于是乎在。乃焚于秦，谶纬于汉，愈传而愈

失。时异事易，愈变而愈非。宋河南程子、关中张子者出，始克实践精讨。而圣贤明德之要，帝王经世之规，所以垂宪后世者，乃大有所发明。其后朱文公、张宣公、吕成公，一时并兴，即当其时，如永嘉薛氏、郑氏、陈氏、叶氏，闽中林氏，永康陈氏，后先迭出，各以所学自成一家。大抵均以先王之道为己任，以先王之制为必行。

苏天爵言："南渡之初，一二大贤，既以其学，作新其徒。吕成公在婺，学者亦盛。同时有声者，有薛（季宣）、郑（景望）之深淳，陈（傅良）、蔡（幼学）之富赡，叶正则之好奇，陈同甫之尚气，亦各自名家，以表现于世。其为文也，本诸圣贤之经，考求汉唐之史，凡天文、地理、井田、兵制，郊庙之礼乐，朝廷之官仪，下至族姓方技，莫不稽其沿袭，究其异同。"女婺学派之宗旨，与其人之盛，于此可概见之也。及其流之既远，为金华文献之传，与朱学合而为一，入明犹盛，于别章详之。

八　义理派史学

女婺言史者三家，东莱、二陈为最早，而吕氏所系尤重。宋濂言："东莱以中原文献之传，倡明道学于婺，丽泽之益，迩沾远被。龙川既居同郡，又东莱之从表弟。虽其志在事功，不能挈而使之同，反复磨切之，其议论或至夜分，要不为不至也。止斋留心于古人经制、三代治法，虽出于常州者为多，至于宋之文献相承，所以垂世而立国者，亦东莱亹亹为言之，而学始大备。"是二陈亦有本于吕氏者也。东莱《史说》举《列子》曰："人之所游，观其所见；我之所游，观其所变。"云："此可取以为观史之法。大抵看史，见治则以为治，见乱则以为乱，见一事则止知一事，何取观史？当如身在其中，见事之利害，时之祸患，必掩卷自思，使我遇此，当作如何。如此观史，学问亦可进，知识亦可高。"东莱作《大事记》，起春秋，迄五代，又作《通释》及《解题》。王子充言："东莱躬任斯道之传，而于史学尤长，用古策书遗法作《大事记》，朱文公盖深服之，谓自有史策以来，无如此书之奇者。东莱自谓书法视太史公所录。子长年表，盖古策书遗法。"又谓："《大事记》者，列其事之目而已。熟乎《通释》之所载，则其统纪可考也。《解题》为始学者设，所载皆当知。非事博杂、治新奇，出于人之所不知也。"《解题》《通释》中，皆引古议论以明事之情状。于六国之灭，引《汉书·地理志》。于诸子引《庄子·天下篇》及司马谈《论六家要旨》。于周亡引《六代论》。于秦始令男子书年，引《中论·民数篇》。于景帝令诸侯王得治国，引《贾谊书》。如《诗序》《书序》《孟子》《太史公自序》、刘向《战国策序》之类皆取之。以观子者观史，而察其世变。其制奇，其识远矣。东莱又作《历代制度详说》，《文献通考》所征东莱之说，悉出此编。彭飞言：

> 世之学者，歧道学政事为两途，紫阳浙东功利之论，永嘉诸子，未免致疵议焉。东莱先生以中原文献之旧，肖然为渡江后大宗。尤潜心于史学，似欲合紫阳、永嘉而一之。所著《制度详说》，于古今沿革之制，世道变通之宜，贯穿折衷，首尾备见。切于民生实用，有不容阙者。使读者穷经以立其本，涉史以观其变，研究事理以观其会通。

《建炎以来朝野杂记》言：

> 《文鉴》者，吕祖谦编。临安书坊有《圣宋文海》，孝宗得之，（以）去取差谬，命伯恭校正。编类凡六十一门，为百五十卷。书进，有云所载臣僚奏议有诋及祖宗者，不可示后。

许浩《复斋日记》言：

> 东莱《文鉴》成，有奏《文鉴》多用田野疾苦之事，是借旧以刺今，所载奏疏，多指祖宗过举，尤为非宜。板行之议遂寝。

《书录解题》言：

朱晦庵晚年尝谓学者曰：此书编次，篇篇有意。每卷首必取一大文字。所载奏议，亦系一时政治大节。祖宗二百年规模，与后来中变之意，尽在于此。

叶水心言：

自古类书，未有善于此。上世以道为治，而文出于其中。战国至秦，道统放灭，后世可论惟汉唐，见于文者，往往讹杂乖戾。类次者复不能归一，荡流不反。此书刊落浩穰，百存一二。苟其义无所考，虽甚文不录；或于事有所该，虽稍质不废。巨家鸿笔，以浮浅受黜；稀名短句，以幽远见收。合而论之，大抵欲约一代治体，归之于道，不以区区虚文为主。然则所谓庄周、相如为文章宗者，司马迁、韩愈之过也。

又曰：

此书二千五百余篇，纲条大者十数，义类百数，其因文示义，不徒以文，所谓必约而归于正，千余数。盖一代之统纪略具焉。后有欲明吕氏之学者，宜于此求之矣。

斯《文鉴》者，不啻挈纲示义，言北宋一代之良史也。东莱复删撮旧史，始《史记》迄五代，为《十七史详节》二百七十三卷，虽鲜所考论（惟《新唐书》子注精审），然持视温公之书，其为裁繁就简则同；而表志杂传之属，足以横观一代之全面者，温公恒削之，东莱必存之，其视史学之范围，一狭一广，乃大不同，亦足觇北宋、南宋言史学之殊也。若东莱之评《左氏》《史记》，意亦殊于北宋。其言曰："《左氏传》综理微密，后之为史者鲜能及之。"又曰："《左氏》一书，接三代之末流，五经之余波，苟尽心于此，则有不尽之用。"此与中唐以来，取二传而斥《左氏》者殊也。又其言："太史公之书法，岂拘儒曲士所能通其说乎？其旨意之深远，寄兴之悠久，微而显，绝而续，正而变，文见于此而义起于彼，有若鱼龙之变化，不可得而踪迹者也。可不参考互观，以究其大旨之所归乎？"中唐迄于北宋，崇编年，绌马迁，吕氏衡编年纪传互有得失，其论既高于前哲，故此之陈义，亦不能同于旧说也。

　　上吕祖谦，字伯恭，号东莱

　　水心同于东莱，称治史而究乎义理之源。然水心于伊洛多微辞，则于东莱究异致。孙子宏序《习学记言》曰：

　　　　先生之书，能稽合乎孔氏之本统。前世帝王之典籍赖以存，开物成务之伦纪赖以著。《易·象》《象》仲尼亲笔也，《十翼》则讹矣。《诗》《书》义理所聚也，《中庸》《大学》则后矣。以孟轲能嗣孔子，未为过也；舍孔子而宗孟轲，则本统离矣。

　　此最足以见水心之旨。是则绝异于伊洛与东莱者也。惟水心于史，恒多独造之言，远乎迂阔之习。《水心别集》之论《周官》曰：

　　　　先王之治，不见于后世。儒者感愤太息，思有以易之，则皆求之于经，然而犹未能自信者，以其说之未具也。《周礼》六卿之书，言周公之为周，其于建国、设官、井田、兵法、兴利防患，器机工巧之术咸在。凡成康之盛，其本末可言也。于是儒者莫不为欣然自喜，以为可以必行而无疑矣。……孔子之于经也，微见先王之意，而不尽其所以为之之说。其告门人弟子问政事者详矣，若曰修身以应变，酌古以御今，然后其继周者百世可知也。奈何取其说之具者，而徒加之后世哉？又有甚不可者。古之治天下，必辨其内外大小之序，而后施其繁简详略之宜。三代之时，自汉淮以南，皆弃而不有，方天下为五千里。为王之自治者，千里而已。其外大小之国千余，皆得以自治。其正朔所颁，礼乐征伐，自天子出。朝会贡赋，贤能之士，入于王都，此其大者也。而其生杀废置，犹不能为小者，天子皆不预焉。而天子之治，亦断然如一国，不能如秦汉之数郡。其为地狭，其为民寡，而治之者众。故其米盐靡密，无所不尽。今也包夷貊之外以为域，破天下之诸侯以为郡县。事虽毫发，一自上出，法严令具，不得摇手。臣不能久于其官而遽去，又有苟简诈伪之心焉。乃欲其米盐靡密，无所不尽，以求合于《周礼》之书，而又易其大者，将以复井田封建之旧，其论所以高而难行。夫因今之地，用今之民，以周公为之，其必有以处此矣。

下至马端临氏，亟论《周礼》为封建之制，决不可行于郡县之时，实自水心倡之，亦深达古今之变也。奈何后之人尚疑《周官》为郡县时代之书，其识出叶、马下矣。《水心别集》之论管子曰：

> 王政之坏，非一人之力。及其复也，亦非一人之功。几死之能生也，平日之膏粱，曾不如淖糜药石之为美也。天下之士，理经援古，欲一举而尽复三代之治。其意非不善，其言之也遽，其为之也略，此其久而无成者也。王政之坏久矣，其始出于管仲。管仲非好变先王之法也，其势不得不变。惟其取必于民，而不取必于身，求详于法，而不求详于道。以利为实，以义为名。凡为管仲之术者，导利之端，启兵之源，而天下之乱益起。至于商鞅，破井田，立概量。李斯废封建，燔《诗》《书》。王政之坏，始于管仲，而成于鞅、斯。使后世廓然大变于三代，岂一人之力也。治变而世变，而俗成，则后世望管仲而不可及矣。若桑弘羊之于汉，直聚敛而已，此管仲、商鞅之所不忍为也。唐之衰，取民之具无不尽，则又弘羊之所不忍为者焉。然则居今之世，理经援古，欲一举而尽复三代之治者，进病者于膏粱，不知其不能食而继之以死也。因今弊政而行之，其继益久，其变益狃，将有待于后。则其复者，固非一人之功也。

此明世之变，而折遽欲返于古者之非。《水心别集》论王通，则陈义益高也。其言曰：

> 言仁义礼乐必归于唐虞三代，儒者之功也。言仁义礼乐至唐虞三代而止，儒者之过也。仁义礼乐者，三才之理也，非一人之所能自为。三才未尝绝于天下，则仁义礼乐何尝一日不行于天下。后世之儒者，以为六经孔氏之私书，仁义礼乐者，唐虞三代所独有。竭终身之力而不能至也，何暇及于当世之治乱乎？徇其名而执其迹，故独治唐虞三代之遗文，以折当世，举当世之不合固矣。将遂尽复于数千载之上，使无一不如唐虞三代者乎？抑亦因当世之宜，举而措之而已矣。

以道观世，则世无适而非道。后世之自绝于三代也，是未能以道观之者也。举三代而不遗两汉，道上古而不忽方来，仁义礼乐绳绳乎其在天下也。

叶氏直谓措今之世于至治之极，即今世之为唐虞三代，则循名执迹者之不足道也。其议史必欲简，而折迁、固昧述作之义异于吕氏，而为论则精。其言曰：

> 孔子之时，前世之图籍具在，诸侯史官世职，其记载博矣。观而备考之，《书》起唐虞，《诗》止于周，《春秋》著于衰周之后，尧舜以来变故悉矣。其在上世者，放弃而不录，可谓简矣，不待他书，而古今之世变，已尽见于此矣。且以世求年，以时求月，其间事之当否，人之贤不肖，政之迁革，是何所不有，安得而尽录之。夫其随世而化，则不著见于后世何伤？盖其治乱兴衰，圣贤更迭，与夫桀纣之恶，不可使之不传，而纤细烦琐，徒以殚天下之竹帛，圣人固不录也。史迁纷然记之以为奇。使迁如圣人，尽见上世之书籍，衍其博而不能穷，将如之何耶？使后世之士，溺于见闻而不能化，荡于末流而不能反，此述作之所以难，非圣人不得尽其意也。后世病史之难，以为不幸无迁、回之才，是类出迁、固下矣。

水心之衡迁、固，得失未可知，其假迁、固以斥泛然记录者之过，则论亦卓哉！韩淲《涧泉日记》曰："史法便是识治体，不可止以成败是非得失立论。盖上下千百载，见得古人底里明白，然后可载后世所不可载之事，泛然欲备，则不胜其史矣。"又曰："古人之史，非是备遗忘，务多以为美观也。经制之作，二者是大，他琐琐不足记也。"一时之论多如此，足与水心义相发。淲，字仲止，为伯恭妻弟，其言透切如此，有自来也。水心讥迁、固之驳，然其所谓简者，固非狭也。《水心别集》论《左氏》曰：

> 左氏去孔子既远，当战国之初，以其所闻于弟子之论，采国史旧文，次其本末，以示后世。……天下之治也，礼义在于中国。其乱也，礼义在于夷狄。成周之盛，夷狄之人，思与其礼义而不得者，非

以为贱而不足治也，笃于治中国者，其道不可以治夷狄耳。故礼义备而中国无隙。及其衰也，舍其国而治夷狄，夫治夷狄者失中国，失中国者失礼义也。故夷狄之人，执礼义之权，以与诸夏抗，而称霸于上国，则周衰极矣。此逆顺之理也，可以知治乱之所从出矣。而《左氏》录之。王道之行，人才无智愚贤不肖，一由于正，及其变也，贤者追思古义，变色太息而言之，道微而不继，则畏慕之心止，而随世之俗成。及其久也，世远风移，而不自知也。盖其变之有渐，而废之有始，而《左氏》录之。古者国必有宗，宗各有族。国祚之短长，视公族之兴废。士农不变，工商不迁，其为士者，所以成德也，非所以求显也，而《左氏》录之。古者严祀而尊神，重时而从天，口无造言，必称先民，心无造虑，必求之蓍龟。故民资厚而易治，而《左氏》录之。古者审乎性命而定乎吉凶，忠信敬义之目，后世诵说而不能明者。古之人节之于事，皆可以指言而名举也，而《左氏》录之。古者上有常事，下有常役，贵贱相承，而不相袭。民无崛起以干大柄，推其族姓，咸有本始，知其与天地并生，而不知自弃其身，《左氏》录之。古者物有定体，德有常容，忧乐有由，歌哭有所，验其祸福，不差毫发，《左氏》录之。古之人通乎道德之意，管仲相齐，子产相郑，后世贤之。而叔向、晏子不以为能也。所陈三王之上，经纪伦类，广大不穷，可以范世，《左氏》录之。古之用兵，先治胜而后战，奔乱为败，失将为灭，不多杀士，行师有法，故干戈不以斗，而犹无孙、吴之术，《左氏》录之。秦汉浅略，庶几得尧舜三代之遗言，足以自治。于其事最严，于其身最切，其载之者鲜矣，而《左氏》录之。子臧逃曹，季札避吴，其义纯洁，其言不夸，而况泰伯、夷、齐乎？而《左氏》录之。古者以礼致天下之治，春秋乱矣，然而街庭筵几之上，苟得从礼者，犹足以治之，而不至于乱也，《左氏》录之。凡《左氏》之所录，将以翼扶《春秋》，以待后世之择也。盖春秋之祸，大纲已易，而小纪未坏。大纲已易，故夷狄化为中国而不能正。小纪未坏，故三代之诸侯，其存者犹数百年。夫溯其末者，可以反其本，迹其衰者，可以见其兴。

水心之论《左氏》如此，其得失未可知，而言史贵广之意，则可见。故其言曰："人心有广狭，则其观物有大小。"既病史迁之杂，复崇《左氏》之广，则其所谓简者，又异乎狭也。至其以《诗》观史，则于义尤高。《水心别集》于《诗》曰：

> 夏商远矣，其详不可得而言。详而可言莫如周。言周人之最详者，莫如《诗》。夫周人之治，始于艰难，而成于积累。及其天命既集，极盛而太平，至其始衰而复兴，遂微而不振。与其后世尝更涂炭之民，忧伤悲怨，思蒙其道而不可复得者，皆见其次第，虽远而不能忘者，徒以其《诗》也。四时之递至，声气之感触，动于思虑，接于耳目，无不言也。旁取广喻，比次扬抑，大关于政化，下极于鄙俚，其言无不到也。言语不通，嗜欲不齐，风俗不同，而世之先后亦大异矣。故后世言周之治为最详者，以其《诗》见之。

以《三百篇》言史，则其纤悉物情，明烛世变，斯其胜于《周官》《尚书》者又远。至其衡论诸史得失，亦迥异于文章家之俗论。如谓："《左氏》错宗万端，精粹研极，不可复加。迁欲出其上，别立新意，尽取诸书而合之，如刻偶人，神明不存。""上世载籍之法，至《太史公记》而绝，班氏《汉书》而下，学者不得不别自为法。世次、日月、地名、年号，本末纤悉，皆为古人所略，而为后世所详。然则后之人材日以沦丧，其势必然。"又谓："陈寿笔高处逼司马迁，方之班固，但少义文缘饰，要终胜固也。"又论《后汉书》谓："东观著记，所载多溢词，胡广、蔡邕父子，竟不能成书，故一代典章，终以放失。范晔类次整比，用律精深，但识见有限，为可恨耳。"其论《宋书》谓："迁、固相踵作志，存上古大意。于汉犹多阙略。后汉便失比次（司马彪《续志》），至约撰《宋书》粗完实。其后遂为会要矣。然备一代之故，其体亦只宜如此。"能以史家之观点衡史籍之失，水心为明。庸俗之论，皆不过袭文学士之唾余，以随声是非而已。叶氏讥世次日月，会要之体宜然。此古所谓记注之法。而叶氏所明者，则撰合之意也。

　　上叶适，字正则，号水心

九　经制派史学

说斋唐氏之书，以《帝王经世图谱》为最著。周必大曰：

> 去古逾远，众说日繁，才学未逮于前贤，宜其用力劳而见功微，
> 此图谱所由作也。金华唐仲友，于书无不观，于理无不究。凡天文、
> 地志、礼乐、刑政、阴阳、度数、兵农、王霸，皆本之经典，兼采
> 传注，类聚群分，旁通午贯。使事时相参，形声相配，或推消长之
> 象，或列休咎之证，而于郊庙、学校、畿疆、井野，尤致详焉。各
> 为说附其后。始终条理，如指诸掌，积百二十有二篇。夫水之东流，
> 惟海是归。今是书折衷于圣人，示适治之路，六经旨趣，百世轨范，
> 皆聚于此。

仲友撰述，此为最精。又有《诸史精义》百卷，议论每多卓绝
深入，非徒为一时一事言之，而直为天下百世言也。其《汉论》曰：

> 创业之君在无心，中兴之君在有志。天下非一人之天下，乃天下
> 之天下也。地非其有，而欲取之，民非其臣，而欲得之，不视为至公
> 之物，而鳃鳃然有苟得之心，则将行不义、杀不辜，以趋一时之利，
> 其诒谋必不永矣。故创业之君在无心。天下者非后王之天下，乃先王
> 之天下也，基业中偾，而欲振之，土地既失，而欲复之。不断为必取
> 之谋，乃恐恐然有狐疑之志，则将怯大敌、忘大耻，而为偷安之计，
> 其成功必不广矣。故中兴之君在有志。昔文王有庇民之德，无君民之
> 心，所以作周也。宣王承厉王之后，内有拨乱之志，所以中兴也。二
> 王之用心，可谓各极其至矣。继周之君，独汉为盛，高祖之创业，其
> 近于无心乎？光武之中兴，其出于有志乎？高祖崛起于逐鹿之时，独
> 能仗大义，除残贼，以脱生灵涂炭之苦，其无心固明矣。然犹见于属
> 任之际。光武以南阳宗室，切齿于新莽之祸，是故结豪杰，定计谋，
> 以图拨乱反正之功，其有志亦久矣。然尤见于应敌之时。惟无心，故
> 豁达大度，足以得天下而建无穷之基；惟有志，故庙谟雄断，足以继
> 大业而振中微之绪。四百年之传祚，二君之力也。

至若论晋之不复振，由于武帝纪纲之渐弛，非建业之地不足以

有为。唐之太平，由于太宗之能立法度，后世犹借以中馑而复兴。为说似邻于腐儒之谈，及详案之，而实深切一代之情势。其《孟子发题》曰：

> 说者讥孟子言汤武，异乎孔子宗周之意。是岂知圣人之时世哉？周衰而欲兴之，本心也，周不能而望鲁，而望齐晋，虽吴楚不绝也。天下乃天下之天下，岂一人之天下。七国而涂炭其民，非有如汤武者，尚有倒载干戈之期耶？孟子不忍斯民之祸而言也。彼迂儒之言，何足病哉？

仲友之义，诚千载发聋振聩之言也。仲友之论荀卿曰：

> 孟轲、荀卿，其立言指事，专以明王道，绌霸功。以吾观之，孟子而用，必为王者之佐。荀卿而用，不过霸者之佐。王霸之道，起于用心诚与不诚，汤、武、威（桓）、文，由此分也。荀卿之书，若尊王而贱霸矣。卿之言性，曰人性恶，其善者伪也。夫善之可以伪为，则仁义礼智何适而非伪，何适而非霸者之心？或曰卿之书言诚多矣，若曰君子养心莫善于诚，曰子以诚为自外至耶，将在内耶？性者与生俱生，诚者天之道，初非二物也。既以性为恶，则诚当自外入。外入则伪，乌睹所谓诚乎？吾观乎告子，于言义则以为外，荀卿之书，其化性起伪，吾有似乎戕贼杞柳之说。然则卿告子之俦也。

以性善恶为王霸所由分，洞彻于政术之源，力辟义外之论，亦足明其深达理道之本也。又斥言："荀卿之礼，强人者也。孟子之礼，充其性者也。"又谓："圣人因人情而制乐，（卿）独以为恶其乱而制之，则正乐乃矫揉，而淫声乃若其情乎？"论亦精至。明乎此者，庶可与言政术之崇卑，衡史迹之得失欤！其《学论》曰：

> 三代以德行道艺教民，以《诗》《书》《礼》《乐》造士。夫子教人，或可使南面，可使治赋，可使为宰，可使与宾客言，皆至诚可用之学。厥后学者异于是，精神耗于虚文，礼乐之制，军旅之事，星气、律历、河渠、地理之学，射御、卜筮、术数、技艺之家，日失其

业，而天下之治功日不及古。浮伪之士，类以大学自居，实用之才，多以固陋见笑。无惑乎后之学不如古也。

其《道艺论》曰：

> 古之学兼于艺，后之学者耻于艺。礼乐不素省，书数不求精。曰彼有司存焉，德成而上，艺成而下，吾当学德行而已。是知圣人之言，未知其所以为言也。圣人不欲学者为艺之艺，而欲其为道之艺也。道散乎形器之间，无乎不在。故六艺之中，各有道焉。

说斋于性道极盛之际，以经制实用之学为天下倡，明道散乎形器之间，彻上彻下，显微无间，其说究矣，其义不可加矣。说斋与晦庵最为冰炭，说斋道器之说，固亦晦庵之说。然学而曰即洒扫应对，是精义入神则是，曰修正即为治平，则非也。局于一身之间，而曰天下之大用尽于此，将与运水搬柴莫非妙用之说何以异？夏时殷辂之不知，惟就动静语默以言用，道明而天下之务或废。唐宋而后，民族之日即于弱，得谓于学术无关欤？于此益见仲友之不可及，以功利抑之，则过矣。

上唐仲友，字与政，号说斋

王子充言永嘉之学：

> 薛士龙复自成一家，详于古今之经制，以谓自周季绝学，先王制作之源，晦而复彰。若董仲舒名田，诸葛亮治军，千余年间，端绪仅或一见。于是发愤覃思，深究体统。兴王远大之利，叔末寡陋之法，礼乐刑政损益同异之际，必审其故实，研索不遗。于经无所不合，于事无不可行。自薛氏一再传为陈君举氏，叶正则氏，戴少望氏（溪），而陈氏尤精密。讨论经史，贯穿百氏，年经月纬，昼验夜索。一事一物，咸稽于极，上下千载，珠贯而丝组之。综理当世之务，于治道可以兴滞而补弊，条画本末粲如也。此所以永嘉经制之学，要在弥纶以通变，操术精而致用远，博大宏密，封植深固，足以自名其家也。

止斋述作，以《建隆编》（亦名《开基事要》）为最著。李心传曰："近岁吕伯恭最为知古，陈君举最为知今。伯恭亲作《大事记》，君举亲作《建隆编》，世号精密。"止斋自序曰：

> 本朝国书，有日历，有实录，有正史，有会要，有敕令，有御集，又有司专行指挥典故之类。三朝以上，又有宝训。而百家小说私史，与士大夫行状志铭之类，不可胜记。自李焘作《续通鉴》，记建隆尽靖康，而一代之书，萃见于此，可谓备矣。今略依司马迁年表、《大事记》、温公《稽古录》与焘《举要》，撮取其要，系以年月。其上谱将相大臣除罢，而记其政事因革于下方。夫学之为王事，非若书生务多而求博。诚能考大臣之除罢，而识君子小人进退消长之际。考政事之因革，而识取士养民治军理财之方。其后治乱成败，效出于此。斯足以成孝敬、广聪明矣。故今所节略《通鉴》，如群臣奏疏，与其他年行，与一时诰令，苟非关于治道大端，即不抄录。或见于他书，实系治体不可不闻，而《通鉴》偶遗，即据添入。《通鉴》登载有小违误，亦略著其说。若夫列圣深仁厚泽，后人尤当循守者，必为之论。深有冀于省察也。

陈振孙谓是书："盖《长编》太祖一朝节略，随事考订，并及累朝之始末。"止斋精论，备见于此。不幸原书久佚。凡《文献通考》所征东莱之文，皆本之《历代制度详说》。征水心之文，皆本之《水心别集》。征止斋之文，盖皆本之此书。其遗说尚可寻也。止斋复有《西汉史钞》。《中兴艺文志》言："其书指摘精要，裨正阙误。如制度始末因革，则条其大意，遗其烦碎。而一代之治体兴衰，人才纪纲风俗，亦略具矣。"今是书亦佚，其遗文尚多见于《十先生奥论》（《四库珍本丛书》），及《十七史名贤确论》《古论大观》（二书有明刻本）三书中。惜所撰录，考订旧事，已不可知，徒存止斋评议耳。复有《历代兵制》八卷，上溯成周乡遂之法，及春秋以来汉唐兵制之得失，于宋代言之尤详。如亲卫殿禁，戍守更迭，京师府畿，内外相维，发兵转饷捕盗之制，皆能撮举大旨。其《总论》谓：

祖宗时，兵虽少而至精。逮咸平后，增至六十万。皇祐初已一百四十一万。谓之兵而不知战，给漕挽，服工役，缮河防，供寝庙，养国马者，皆兵也。疲老而坐食。前世之兵，未有猥多如今日者。总户口岁入之数，而以百万之兵计之，无虑十户而资一厢兵，十万而给一散卒，其兵职卫士之给，又浮费数倍，何得而不大蹙。

凡永嘉言学，要皆究于政术邦典，条目井然，可起而行，非空言也。止斋深赞纪传而退编年，于宋代为独异，衡古之当情与否不必论，若曰自抒胸臆，则义自高。其《左氏国纪序》曰：

> 自荀悦、袁宏以两汉事编年为书，谓之《左氏》体，盖不知《左氏》，于是始矣。昔夫子作《春秋》，博极天下之史，诸不在拨乱世反之正之科，则不录也。左氏独有见于经，故采史记次第之，以发明圣人笔削之旨云耳，非直编年为一书也。古者事言各有史，凡朝廷号令，与其君臣相告语为一书，今《书》是已。被之弦歌，谓之乐章为一书，今《诗》是已。有司藏焉，而官府都鄙邦国习行之，为一书，今《仪礼》若《周官》之六典是已。自天子至大夫士，氏族传序为一书，若所谓《帝系》书是已。而他星卜医祝，皆各为书。至编年则必序事如《春秋》。三代而上，仅可见者《周谱》。他往往见野史《竹书》《穆天子传》之类。自夫子始以编年作经，其笔削严矣。《左氏》亦始合事言之史，与诸书之体，依经以作传，附著年月下，苟不可以发明笔削之旨，则亦不录也。后作者顾以为一家史体，谓不释经，故曰荀、袁二子为之也。

盖以古之史诚多途，孔惟依编年者以为经，左氏合诸书取足明经者以为传。传为经起，不得为独立一家之书，自不得依《左氏》以为一家史体。其论《左氏》止如此，而并《诗》《书》《周官》《周谱》以言史，则持论已宏矣。止斋之《答贾端老书》曰：

> 读《史记》甚善。获麟以后，孟、荀推尊孔氏，明礼义之统纪，二子死，百氏益乱真。老儒如浮丘伯、伏生之徒，抱经自□，而其力不足以发挥前绪。至汉六七十年间，董大夫始究大业。田何、孔安

国、戴圣、戴德、毛苌并出，又未能合群书为一，削其不合以存其合者。太史谈有意矣，然六家之论，犹崇老抑儒。迁卒家学，乃尽□百家之精而断以六艺。盖其融液九流，萃为一编，罢黜杂论。荀卿之后，仅见此书耳。其论云：百家言黄帝，其文不雅驯，非好学深思，心知其意，固难为浅见寡闻者道。则所得多，而自负亦不薄矣。

其《答薛子长书》曰：

> 《南》《北》二史尽佳，然一代沿革附见表志者，往往不收，未免遗恨。则诸史要不可废。自荀、袁二纪以来，下逮司马《通鉴》，大率欲祖《左氏》。盖《左氏》本依经为传，纵横上下，旁行溢出，无非解剥经义，而非自为书。今乃合太史公纪、世、书、传，系之编年，势必至得此遗彼，类不如正史之悉也。然区区所冀，深探书外之意，且如西都之末，士大夫知有所择，遂成东都之业。及其季年，虽豪杰之士散为吴魏之役，拳拳于汉，独南阳数人，当时必有实以致之，而岂可以书尽哉？

止斋所以推史迁者极至，侔之孟、荀、董生，则其观史之意微矣。訾编年不如正史之悉，斯亦大较言之。而所谓深探书外之意，则非真积力久者，未能言也。西京之末，郡盗揭竿，必奉刘氏。东都之季，诸侯（郡守刺史）据地，而宗室益微。夫必有其必然之故，而后或然之功立。东京之中兴，必然也，光武而成大业，或然也。止斋读书之法至矣。止斋之论《周官》曰：

> 《周礼》设官分职，大抵朝廷之事，治官掌之。邦畿之事，教官掌之。邦国之事，司马掌之。自朝廷以上，纤悉皆归于太宰。自国中以及近郊远郊，小都大都，皆属教官。而职方、土方、撢人，凡邦国之事，皆属司马。此其大略也。其有截然一定不可易者，若司寇之属，凡朝廷之狱，大小司寇、士师掌之。六乡之狱，乡士掌之。六遂之狱，遂士掌之。甸稍县都之狱，县士掌之。邦国之狱，方士掌之。四方之狱，讶士掌之。谓其皆刑狱之事，故一皆联络而尽属之司寇。其他又有不然者。如太史、内史，宜属天官，乃属之春官。大小

行人宜属春官，乃属秋官。……此其分职有不可晓者。自汉以来，凡礼事皆属太常，兵事属将军、光禄勋、中尉，刑事皆属廷尉。其分量职守，皆较然不紊，春秋时杜泄曰：吾子为司徒，实书名。夫子为司马，与工正书版。孟孙为司空，书勋。夫诸侯之国，惟三卿耳。一人受赐，三卿皆与，从周法也。后世礼官专治礼，刑官专治刑，兵官专治兵，财官专治财。

以明"六官之设，虽各所司，然错综互见，事必相关"。执后以衡前，深达古今之变与周代内外小大之异制。由史以观经，其言皆非崎岖章句者流所能道及者也。

上陈傅良，字君举，号止斋

十　事功派史学

有事功者不必有学，而知史者必知世务。龙川以雄心盛气，侈言兴复，而终不得试，固不免书生夸放之诮。然隆中之对、平边之策，苟遇际乖时，无验于事，将亦画饼之谈耶？故衡议古人，当观其立论之适可于世要，固不必贵其有验于将来。龙川《中兴五论》，何其深切一代之情也，而言史乃其绪余耳。其论开诚之道曰：

夫任人之道，非必每事疑之，而后非无隐之诚也。心知其不足任，而始使之以充吾位。使人既久，而姑迁之以慰其心。身尊位大，而大责或不必任，职亲地密，而密议或不得闻。听其言与之以位，而不责其实。责其实，迫之以目前而不待其成。故天下懦庸委琐之人，得以自容而无嫌。而狂斐妄诞之流，得以肆言无忌。中实无能，而外为欺罔，位实非称，而意辄不满。平居则何官不可为，缓急则何人不退缩。是宜当宁而叹天下人才无一之可用，而谓书生诚不足以有为，天下之士有以致之耳。虽然，何世不生才，何才不资世。天下雄伟英豪之士，未尝不延颈待用，而每视人主之心为何如。夫天下之可以爵禄诱者，皆非所谓雄伟英豪之士也。以其可以爵禄诱，奴使而婢呼之。天下固有英豪之士，惧诚心之不至而未来也。

夫孝宗固慨然以恢复为己任，卒之功无所就，宋日以微。非世之乏才，而君之无志，国之不足，而民之无勇，殆所以取才而制政者或差耳。同甫之言，曲尽一世之情，深切当时之弊。明之庄烈，清之文宗，皆是道也。虽曰为千数百载间之人言之可也。同甫每以中兴之功可跂足而须。其论宋金形势曰：

> 今东西弥亘绵数千里，如长蛇之横道。地形适等，无所参错。朝廷鉴守江之弊，大城两淮，虑非不深也，能保吾城之卒守乎？进取之道，必先东举齐，西举秦，则大河之南，长淮之北，固吾腹中物。齐秦诚天下之两臂也，奈虏能以为天设之险而固守之乎？故必有批亢捣虚、形格势禁之道。窃观天下大势，襄汉者，敌人之所缓，今日之所当有事也。控引京洛，侧睨淮蔡，包括荆楚，襟带吴蜀。沃野千里，可耕可守。诚命一重臣，镇抚荆襄，进城险要，大建屯田。襄阳既为重镇，而均、随、信阳及光、黄，一切用艺祖委任边将之法，给以州兵，而更使自募，与以州赋，而纵其自用。列城相援，伺机而发。一旦狂虏玩常，来犯江淮，则荆襄之师，率诸军进讨，袭有唐邓诸州，见兵于颍蔡之间，示必截其后。因命诸州转城进筑，并桐柏山以为固，为久住之基。敌来则婴城固守，出奇制变；敌去则列城相应，首尾如一。诸军进屯光、黄、安、随、襄、郢之间，前为诸州之援，后依屯田之利。虏知吾意在京洛，则京洛、陈、许、汝、郑之备增，而东西之势分矣。东西之势分，则齐秦之间可乘矣。四川大军以待凤翔之虏，别将出祁山以截陇右，由子午以窥长安，金、房、开、达之师入武关以镇三辅，则秦地可谋矣。命山东之归正者往为内应，舟师由海道以捣其脊。彼方支吾奔走，而大军并进以揲其胸，则齐地可谋矣。吾示形于唐、邓、上蔡，而不再进。坐为东西形援，势如猿臂。彼将京洛之备愈专，而吾必得志于齐秦矣，抚定齐秦，则京洛将安往哉？就使吾未为东西之举，彼必不敢离京洛而轻犯江淮。使其合力以压唐、蔡，则淮西之师起而禁其东，金、房、开、达之师起而禁其西，变化形敌，而权始在我也。

同甫盖于当世之务知之明，故论之易矣。同甫与晦庵论王霸，主于功到成处，便是有德；事到济处，便是有理。不虚慕三代，不卑视汉唐，义尤明快，以与理义一派，反唇相诮。其往复之书曰：

> 自孟、荀论义利王霸，汉唐诸儒未能深明其说。伊洛诸公辨析天理人欲，而王霸义利之说于是大明。然谓三代以道治天下，汉唐以智力把持天下。而近世诸儒遂谓三代专以天理行，汉唐专以人欲行。信斯言也，千五百年之间，天地亦是架漏过时，而人心亦是牵补度日。万物何以阜蕃，而道何以常存乎？故亮以为汉唐之君，本领非不宏大开廓，故能以其国与天地并立。惟其时有转移，故其间不无渗漏。谓之杂霸者，其道故本于王也。……老庄氏思天下之乱无有已时，而归其罪于三王，而尧舜仅免耳，使若三皇五帝相与共安于无事，则安得有是纷纷乎？其思非不审。而孔子独以为不然。三皇之化不可复行，而祖述止于尧舜。而三王之礼，古今之不可易，芟夷史籍之烦辞，而后三代之文灿然大明，三王之心迹皎然不可诬矣。亮深恐儒者之视唐汉，不免如老庄之视三代，汉唐之心迹未明，故亮常有区区之意焉，而非其任耳。……高祖、太宗，本君子之射也，故其一出一入，而终归于禁暴戢乱、爱人利物而不可掩者，其本领宏大开廓故也。三章之约，非萧、曹之所能教，而定天下之乱，又岂刘文靖之所能发哉？此儒者之所谓见赤子入井之心也。其本领开廓，故其发处便可震动一世，天下大物也，不是本领宏大，如何担当开廓得去？惟是事变万状，而真易以汨没。到得失枝落叶处，其皎然者终不可诬。高祖、太宗及皇家太祖，盖天地赖以常运而不息，人纪赖以接续而不坠。而谓道之存亡，非人之所能预，则过矣。

所谓"使二千年之英雄豪杰，得近圣人之光"者，固同甫至伟至快之论也。同甫最敢视晦庵，其《送王仲德序》曰："二十年之间，道德性命之说一兴，后生小子，读书未成句读者，已能拾其遗说，高自誉道，非议前辈。"其《送吴允成序》曰："道德性命之说一兴，而寻常烂熟无所能解之人，自托于其间，以端悫静深为体，以徐行缓语为用，为士者耻言文章行义，而曰尽心知性；居官者耻言政事书判，而曰学道爱人。相蒙相欺，以尽废天下之实，终于百事不理而已。"可见其为学之旨也。同甫于史有《三国纪年》，其序曰：

> 书契之兴，代有注记，自当时之诸侯，国各有史，故四方之志，外史掌之。天子之言动，天下之几也。诸侯之言动，一国之几也。合诸侯之言动，亦足以观天下之变焉。有源有流，不可遗也。昔孔子适周观礼，晚而有述焉。上古之初，不可详已，著其变之大者，《易》所载十三卦圣人是也。于《书》断自唐虞，定其深切著明者为百篇。盖尝欲备三代损益之礼，之杞之宋，而典礼无复存者，于是始定《周礼》。又删取周家之《诗》，以具其兴亡，而列国之风化系焉。周室东迁而霸道兴，孔子伤其变之不可为也，举其意而寓之《春秋》，百王于是取则焉。汉兴，司马迁定论述之体为《史记》，其所存高矣，出意任情，不可法也。史氏之失其源流，自迁始矣。故自麟趾以来，千五六百年，其变何可胜道。文足以发其君子小人疑似之情，治乱兴衰之迹，使来者有稽焉，愈于无史矣。岂可谓史法具于此哉？先主君臣，惓惓汉事之心，庸可没乎？魏氏之代汉也，得其几而不以其道，变之大者也。孙氏倔强江左，自为一时之雄，于是乎魏不足以正天下矣。陈寿之《志》何取焉？汉实有《纪》，其体如传，条章不为书也，诏疏不为志也，志曰《汉略》，悲其君臣之志也。魏实代汉，吾以法纪之，魏之条章法度，晋承之以有天下。于是乎有书其诏若疏也，有志其臣若子也。吴与汉同，彼是不嫌同体也，志曰《吴略》，著其自立也。合汉、魏、吴而附之，天不可无正也。魏终不足以正天下，于是为《三国纪年》终焉。

龙川是书似未成，但有序赞，读之诚如东莱所谓"大纲体制，有未晓处"。长沙桓王一赞，取葛亮称："刘繇、王朗，各据州郡，论安言计，动引圣人，群疑满腹，众难塞胸，今岁不战，明岁不征，使孙策坐大，遂并江东。"以谓"汉末愚儒守文之弊，所以启桓王之翱翔"，寄兴诚深远也。龙川之文，以《酌古论》《四上皇帝书》为最著。于典章兴革，鲜所论列。而《中兴论》言：

> 今宜清中书之务以立大计，重六卿之权以总大纲。减进士以列选能之料，革任子以崇荐举之实。简法重令以证其源，崇礼立制以齐其

裕。立纲目以节浮费，示先务以斥虚文。严政条以核名实，惩吏奸以明赏罚。时简外郡之卒，以充禁旅之数。调度总司之赢，以佐军旅之储。置大帅以总边陲，委之专而边陲之利自兴。任文武以分边郡，付之久而边郡之守自固。来敢言以作天子之气，据形势以动中原之心。

皆切中一代弊政。则龙川之于制度得失，要为究极精详也。

上陈亮，字同甫，号龙川

黄潜言："王道甫尝合于陈氏，而其言无传。"水心并志同甫、道甫之墓，亦谓："今同甫书具，有芒彩，则既传而信矣。道甫乃独无有，是信而不传也。"知道甫之文，不传久矣。乃《魏鹤山集》（卷七十六）有《宋故藉田令王公（自中）墓志铭》，具载道甫《上孝宗皇帝》二书，其一论兵制曰：

唐初，国无供军之费，而军足以待事。百三十年之间，战胜攻取。自其法废改，天下大乱，二百余年。太祖有意更革，而当时议者未能远谋。故为今计，莫若取唐之议，推而行之。唐初，民田皆从官给，今两淮、荆襄、西蜀三边之地，田之在官者往往散为民田，朝廷务宽边民，终不敢诘。曰营田，曰力田，曰官庄，曰荒田，曰逃绝户田，此边田之在官者也。曰元请佃田，曰承佃田，曰买佃田，曰自陈赎佃田，此边田之在民者也。曰义勇，曰神劲军，曰弓弩手，曰山水砦，此边军之在民者也。州曰厢禁军，县曰弓手，镇砦曰土军，其重地皆有戍军，此边军之在官者也。有官军，有民军，有戍军之地，又皆有城池，若可以为固矣。然有城而不能守，不如无城，今戍军往来，仅同逆旅，人之多寡，不与城称。号为义勇者，又无生生之具，一旦有警，则民必先逃，而军亦不能守矣。宜以并边州郡得缓急为三等，各以精卒配之。然后以田之在民者，家出一夫为卒，得免其田税六七十亩。取其强力武艺堪充军者，而精其选。其民之田多者，听以田募客为卒。卒五人，以其主户为伍长，而免田税二百亩。十人则为什长。田愈多者，军愈众、税愈轻，而阶级又愈进。入则有主客之恩，出则有部曲之分。祖课悉循其初，官无所与。而新募流民者，官更量给之。如此，则主户乐出其田募民而为卒矣。于是因民田之近于州者，三十里内皆使家于州。近于县者，二十里内皆使家于县。夫如是则军民合一。下至镇砦，亦莫不然。去州县镇砦远，则聚而居之，为之府如唐法。立都尉将校之官，为保障战守之具。相度经营，名其军曰卫府，此民田也。官田则官募军或民分屯之，悉从府卫之法，名其军曰屯府，此官田也。如此则并边之地，无一夫非卒。积以数年，屯卫军益强，官军缺者勿补，军益强，费益省。又先选天下忠良勤干之贤，不问文武，为之守令将帅，授以方略，责以事功，贤焉则久其任。于是练沿江之屯，以壮边军之心。练三卫之军，以为顺动之备。练内地州县军，以待不时之须。文武并用，军民杂居。化民为卒，化卒为民。使其声势足以相接，疏密足以相维。虏若猖狂来寇，六飞亲督侍卫之兵出临江上。气势既合，号令明信。则北方豪杰，舍二百年父母之国，将安之乎？

其三论守令曰：

自昔兴王之世，必有道同志合之士。此不可多得，得四三人，或一二人足矣。陛下必已有所属，臣不得而知也。臣徒怪所在州县，或连数城，以守令问之，民鲜不非笑。是使元元安所倚赖，风俗奚由美，奸盗奚由戢。或重用之，又将何以胜任。

自北宋中叶，国已困于养兵，而兵卒不可用。道甫欲渐复府兵之意，以纾财用，以简雄劲，亦救时之一术也。至若百郡之守、千城之令，民鲜不非笑。噫，是岂小故，而尚可以国乎？则何言之痛矣。道甫著书，有《历代年纪》《王政纪原》，皆佚。从《鹤山集》略取二疏于此，以备一家。

上王自中，字道甫，号厚轩

《中国史学史》系 20 世纪 30 年代至 50 年代蒙文通先生任教于各大学历史系讲授《中国史学史》课程时的讲义。基本部分完成于 1938 年，只第一章第八节、第二章第五节、第九节为后来补写。其中第一章第一、第二节曾刊载于《重光月刊》第三、第四期合刊（1938 年 4 月），分别题为《周代学术发展之三时段》《〈尚书〉之传写与体例》，后又分别刊载于《图书集刊》第三期（1942 年 12 月）、第四期（1943 年 3 月），分别题为《论〈国语〉〈家语〉皆为〈春秋〉》《论〈尚书〉之传写》。第一章第二、第三、第四、第五、第六等节曾刊载于《华文月刊》第一卷第五、第六期（1942 年 10、11 月），题为《晚周史学》。第二章第一、第二、第三、第四、第六、第七、第八、第十等节曾刊载于《国论月刊》复刊第二卷第十六、十七期合刊（1941 年 8 月），题为《魏晋南北朝史学》。第三章第一、第二、第四、第六、第七等节曾刊载于《华文月刊》第二卷第二、第三、第四期（1943 年 7—9 月），题为《宋代史学》。今以 1938 年讲义为基础，撮先后所作及未成章节之目录整理为一编，以存全貌。其中先后发表于民国时期各杂志的各章节，皆以发表之文参校。

《宋略》存于《建康实录》考

几原《宋略》于六代为名著，刘子玄尤屡称之。如曰："裴子野《宋略》、王劭《齐志》，并长于叙事，无愧古人；而世人议者，皆雷同誉裴，共诋王氏。夫江左事雅，裴笔所以专工，中原迹秽，王文由其屡鄙，此美恶所以为异也。"几原之书信南北著作之冠冕也。司马光述《资治通鉴》，多见甄录，故《考异》所举，此为最详，岂非以其为书最美而存世亦最久耶！汪（文台）、汤（球）、黄（奭）、马（国翰）于六朝佚史，搜讨并勤，而裴文顾不暇及，宁非憾事。《宋略总论》一篇，李昉等收入《文苑英华》，尚存沧海之一粟。乃讹脱特多，致明以来取此篇者，恒失其句读。严可均辑《全上古三代秦汉六朝文》，其于斯篇，误文夺字，胥付阙如。良以《文苑英华》一书，于宋时已多误累，是以彭氏叔夏有《辨证》之作。自明以下，传写滋蔓，殆又甚焉。王鸣盛论许嵩《建康实录》云：

> 此书用意，亦李延寿之流亚，乃其手笔体裁，又不如延寿远甚。吴、晋用编年体，宋以下忽分纪传；吴、晋无论赞，宋以下忽用论赞；吴、晋、陈、齐末无总论，宋末忽自造《总论》一篇，约二千余字，文皆排偶。梁末袭取魏徵《总论》而去其下半篇。其传率尔钞撮，纪载寥寥。如宋之刘穆之、徐羡之、傅亮、谢晦、范蔚宗、谢灵运皆无传，反有谭金、童太一，而又次序颠倒。如沈攸之反在前，沈

103

庆之反在后，种种不合。其粗疏纰漏，不可胜摘。但千余年旧物，业
已流传，未可覆瓿。且其人生于唐玄、肃间，尚见古书。如宋末详述
裴子野《宋略》体例，则于宋事大约必参取《宋略》。又小字夹注中
援引古书，多亡佚已久者，此则大可宝珍。

王氏所云宋末《总论》而斥为许嵩自造者，按其文即子野原作。
而详述《宋略》体例者，实为裴氏之文。王氏固未尝以《文苑英华》
所载者与《建康实录》相校，持论不谨，斯为大失。而严氏亦未尝
以《建康实录》校《文苑英华》，故讹阙亦莫能订。顾世传许氏书，
羡字夺句，视《文苑英华》殆又过之。两相参校，而裴氏原文庶乎
可诵，岂非一大快事欤！

王氏精熟群史，与钱、赵齐驱，在清代未易数觏。至论《建康
实录》与《宋略》之或因或变，则论有未明。若《四库提要》亦以
许书"主于类叙兴废大端，编年纪事。晋以前诸臣事实，皆用实录
之体，附载于薨卒条下。而宋以后复沿本史之例，各为立传，为例
未免不纯。……又裴子野《宋略》，当时所称良史，沈约亦自以为
不及者，今已不传。而是书于刘宋一代，全据为蓝本，并子野论赞
之辞尚存什一"云云，考犹未核。盖许书于宋氏一代先后不侔，第
十一、十二、十三三卷，纪孝武已上，至于武帝事皆密，为本之
《裴略》。十四卷纪明帝以下已疏，为取诸《南史》也。十三卷载：
大明七年，"帝曰：卿江僧安儿，居然相泣。智渊伏涕。自是诟之无
度，智渊不堪其耻，退而自杀"。《通鉴考异》引《宋略》曰"（江）
智渊不堪其耻，退而自杀.'今从《宋书》"，则为"智渊益惧，竟以
忧卒"。是《许录》同于《裴略》。更考此以前元嘉二十一年正月辛
酉，躬耕帝籍，下诏大赦。《考异》以《宋略》为辛酉，《宋书》为
己亥，《许录》亦同《宋略》（《南史》亦同《宋略》）。元凶构逆，四
月壬戌，柳元景众军大破元凶等于新亭。《考异》以《宋略》为壬
戌，《宋书》为癸亥，《许录》亦同《裴略》。故知十三卷以上皆取
《裴略》也。十四卷以后，泰始二年十二月，薛安都要引魏军，张
永、沈攸之大败，于是遂失淮南北四州及豫州、淮西地。《考异》以

《宋略》为三年正月，永、攸之师次彭城，虏掩其辎重，败王穆之于武原，薛安都开彭城以纳虏，王师败绩。毕捺亦举兖州归虏，遂失淮北之地。《宋书》则在去年冬，云永、攸之大败，遂失淮北四州及豫州、淮西地。《许录》《南史》于此不同《裴略》，而全用《宋书》之文。泰始六年十月，立皇子赞为武陵王。《考异》以《宋本纪》作智赞，《宋略》作赞，《列传》作智随，《许录》作赞，似同《宋略》，而实从《南史》，以《南史》亦从《裴略》作赞也。后废帝以泰豫元年六月乙巳尊皇后曰皇太后，立皇后江氏。《考异》以《宋书》作乙巳，《宋略》作癸未，《许录》《南史》不同《裴略》，而从《宋书》作乙巳。元徽二年五月壬午，太尉江州刺史桂阳王休范举兵反，《考异》以《宋书》作壬子，《宋略》作壬午，《许录》用《南史》作壬午，故同《裴略》。越骑校尉张敬儿斩休范党杜黑蠡、丁文豪。《考异》以《宋书》《南齐书》作黑蠡，《宋略》作黑骡，《许录》同《南史》作黑蠡，不同《宋略》。护军典签萧恬（案茅字，此误作萧）开东府纳贼。《考异》以《宋略》为褚澄，《宋书》《南齐书》作茅恬，今《许录》作萧恬，萧是误字，《南史》作茅恬，《许录》应是茅恬，是亦同于《南史》《宋书》，不同《裴略》。六月癸卯，晋熙王燮遣军克浔阳。《考异》以《宋书》作癸卯，《宋略》作癸亥，《许录》《南史》并作癸卯，不同《裴略》。升平二年正月丁卯，沈攸之自郢州奔散。己巳，华容县人斩攸之首送之。辛未，荆州刺史张敬儿克江陵。《考异》以《宋略》云：甲辰，攸之众溃；乙巳，华容民斩其首；辛未，敬儿克江陵。许与《南史》不同《裴略》。第十四卷中，凡《南史》用《裴略》者，许亦同《裴略》，《南史》用《宋书》者，许亦同《宋书》，是知《许录》第十四卷为取《南史》也。惟十三卷以上，《建康实录》皆从《裴略》，故存子野论赞独多。十四卷以下皆从《南史》，故仅存末一论耳。宋后附传不及武帝、文帝时人，亦以前用《裴略》，故无俟附传，后用《李史》，故著徐、江以来及童、谭诸人传。前多美文逸事，后仅大纲，校之《南史》而明。《南史》实亦参取《宋略》为书，以易沈约，故《建康实录》十四卷以下，得同《裴略》者，实以《南史》之取《裴略》，《南史》异《裴略》

者,《许录》亦依以异也。《建康实录》于梁末袭取魏征《总论》而去其下半者,实以《南史》取魏征文入论中,而加以剪截,许氏亦从《南史》也。其叙萧詧事亦自有故。唐自萧颖士、王绪、皇甫湜诸人论正闰,皆黜陈闰魏,以北周继后梁。一时之说如此,故许独取詧,以系梁不禅陈之意。晋、宋皆附见北事,故取《索虏传》,亦将以散入编年间耳。若首四卷之著吴事,即本之陈寿《三国志》,陶君贡南(元珍)考之已明。次六卷著晋事,即本之唐修《晋书》,亦略按两书而显。即取列传之文,依实录之体,而系于编年薨卒条下。末著梁、陈事不外《南史》,亦有从萧、姚之书润益者。惟取《南史》列传之文,尚未依实录体分系于编年下,谅为未完之稿。略一比较,事皆彰灼。

惟《宋略》存于此者三卷,以不取《沈书》《南史》,致体与前后为异,然亦即以系子野旧文之故,弥可珍重。岂以裴书最美,许氏于宋,独舍纪传而取此编年之作乎? 十三卷已无子野论赞,十四卷复取《南史》,仅存《宋略》于注中,谅许氏所见裴书,已非完帙,故备论其事,以待征《宋略》佚文者之采择,审是则知凡王氏误说,似皆由未核陈寿、李延寿诸书,遂说有乖违。《四库提要》论亦疏略。至严氏辑《全梁文》,于《建康实录》所存裴子野论十六事皆未之取,于《资治通鉴》所引裴子野论十一事,但著五事,而遗其六,则考文之难也。以王、严二家之既精且博,尚未免于挂漏,此篇所陈,当更受讥于大雅。

吾友金陵郦衡叔,曾校《建康实录》,据甘刻本以校甘氏影抄彭本、丁氏藏明依宋钞本、徐氏藏旧抄本、张海鹏翻宋本,凡四本,著录详明。兹更据明隆庆间刻本《文苑英华》中《宋略总论》,校以明抄本《文苑英华》,及梅鼎祚《梁文纪》、周应治《广广文选》、傅捃商《古论玄著》、严可均《全梁文》之《宋略总论》。梅、周、傅三家所存,核其文句,并本之《文苑英华》。是《文苑英华》一系之《宋略总论》传本可考者,并严氏凡六。故兹于诸本同于明刻者,只称李诸本,其独异处乃分别著之。傅氏书所见者明刻有二本,皆在万历时,而文有不同。严氏书黄冈王氏所刻与无锡丁氏所印又各不同，皆不复分别。又以文津阁钞本《建康实录》勘之，合诸郦校，是《建康实录》一系之《宋略总论》传本可考者凡五。于诸本同于甘刻者皆称许，其诸本独异处乃分别著之。郦氏《校记》详著各本异同，既已刊行，兹不缕引。惟徐抄多有可取，故择录之。凡兹所校者，亦于有异同处，并皆详著，亦郦君之意云耳。昔李善注《文选·晋纪总论》，即取材于干氏之书，若取《建康实录》中所存《宋略》以注裴氏《总论》，是亦李氏法也。惟今则不暇，俟诸异日。裴氏《总论》文字仅二千有奇，今所校者，已将四百条，于十数本间，左右采获，酌而用之，虽句读粗明，然以沉晦已逾千载之文，而欲一朝起之，亟知非易，况所系已浅，无关宏旨，徒贤于博弈而已。若裴氏一书大义，则有不能不为之疏通证明者，用特陈之。

刘子玄云："自魏以前，多效三史，从晋以降，喜学五经。"此魏晋以来史学一大变革也。又曰："干宝著书，盛誉丘明，深抑子长。"又曰："降及战国，迄乎有晋，年逾五百，史不乏才。惟令升先觉，远述丘明，重立凡例，勒成《晋纪》，邓（粲）、孙（盛）以下，遂蹑其踪，史例中兴，于斯为盛。"《文心雕龙》亦曰："《春秋》经传，举例发凡，自《史》《汉》以下，莫有准的，至邓粲《晋纪》，始立条例。及安国立例，乃邓氏之规焉。"则抑子长而誉丘明者，立义例，去芜秽，崇编年之简，而绌纪传之杂也。子野之删正沈约《宋书》以成《宋略》，正沿干、孙之轨范以绍丘明，所谓"杜预申以注释，干宝藉为师范"，此魏晋以来史义之高于马、班者也（杜预言《左氏》五例，荀悦《汉纪》五典，干宝《晋纪》五志），此一事也。

自魏武好法术而天下重刑名，魏文慕通达而天下贱守节，其后纲维不振，虚无放诞之论，盈于朝野（傅玄语）。何晏、王弼以虚无为本，故有《崇实论》《崇有论》以辨之。嵇康、阮籍以裸裎为高，此放诞也，故有《崇检论》以折之。流风相扇，祸中于永嘉，晋、宋史家莫不引为深憾。干氏《晋纪》称阮籍居丧，饮啖不辍，故魏晋之间，有被发夷傲之事，背死忘生之人，反谓行礼者籍为之也。其《晋纪总论》曰：

风俗淫僻，耻尚失所。学者以老、庄为宗而黜六经，谈者以虚荡为辨而贱名检，行身者以放浊为通而狭节信，当官者以望空为高而笑勤恪。其倚仗虚旷、依何无心者，皆名重海内。国之将亡，本必先颠，此之谓乎！故观阮籍之行，而觉礼教崩弛之所由；想郭钦之谋，而觉戎狄之有衅。

虞预作《晋书》，憎疾玄虚，其论阮籍裸裎，比之伊川被发，是固《崇检》之志也。孙盛作《老聃非大贤论》，以为中贤第三之人，去圣有间。复谓尚无既失之矣，崇有亦未为得。盛又论王弼《易》学曰：

《易》之为书，穷神知化，世之注者，殆皆妄也，况弼以附会之辨，而欲笼统玄旨者乎！于六爻变化，群象所效，日时岁月，五气相推，弼皆摈落，多所不关。虽有可观者焉，恐将泥乎大道。

则于风靡一世之《老》《易》之学，词而辟之，以绌有无之辩。《宋略》纪王敬弘辞职东归，深见礼重，使子恢之求朝请曰：

朝无限，故无竞，吾欲汝处无竞之位。方其在位，帝问得失，敬弘对曰：天下有道，庶人不议。裴子野曰：有其位无其言，君子耻之，王公（敬弘）之谈，为不类矣。居官不事，以敌（疑误字）为名，正始、元康之风，中原所以败也，纵而勿检，致治难哉！

此亦干宝、孙、虞之志也。以神州陆沉、百年丘墟为王夷甫诸人实任其责，其思想实与江左清谈者流相反。故子野又曰：

三年之丧，有生之巨痛，既贯天道，实惟民极。中世隆污，或行或否。……弃衰麻而服冕弁，匪金革而徇寇戎，君子辱乎上，小人通乎下，名教倒置，将安用之？

其《乐志叙》（《通典》称《宋略乐志叙》）曰：

先王作乐崇德，及周衰道微，音失其序，乱代先之以忿怒，亡国从之以哀思，优杂子女，荡目淫心，以鱼龙靡慢为瑰玮，以吴趋楚舞为妖妍，王侯将相，歌伎填室，鸿商富贾，舞女成群，莫为禁令，伤风败俗。则期功之惨，不废丝竹，王、谢风流，非此所誉。

此魏晋史家秉持之义，而不摇乎流俗者。此二事也。

惟袁宏《后汉纪》思想属老、庄一派，两汉以灾变为天道，魏晋以虚无为极致。北朝老、庄名理之说不行（行道教），而笃信阴阳家候，汉《易》重爻象，而魏晋倚玄言，孙盛极诋王弼，而崇岁月五气，此宗汉人之《易》也。令升传京氏《易》，而又傅之以干支，干、孙二家之书，极陈灾变谶候，故符瑞之志于是以作。此源汉《易》而来之天道说也，宋、梁史家鲜不由之。《裴书》备列禽兽草木之异，而无先后征应之解，则大异于干、孙。其曰："先王历象日月，敬授民时，后（误作彼）世穿凿，拘于禁忌，推步盈虚（旧阙此，以意补之），其细甚已。多鄙俚之说，乱采索之旨。由是搢绅先生不知阴阳为学。"斯又裴氏识之高于令升、安国者，此三事也。

六代文章，最为靡曼，风云月露，词联简牍。裴松之以孙盛制书，多用《左氏》以易旧文。《文心雕龙》亦云："孙盛、干宝文胜为史，准的所拟，志乎典训。"则魏晋史人喜学五经者，既袭《春秋》之体，复效《左氏》之文。刘子玄讥之为"好奇厌俗，习旧捐新，虽得稽古之宜，未达从时之义"。然干、孙皆词义贞刚，不涉浮丽，上效《左氏》，斯所以异于颜、谢、潘、陆之为，故诸家史文不得以一代藻绘之作目之。况子野《雕虫论》（皆即《宋略·文纪》之论，《文苑英华》别以《雕虫论》名之）复曰：

古者四始六艺，既形四方之风，且彰君子之志。后之作者，思存枝弃，繁华蕴藻，用以自通。由是随声逐影之俦，弃指归而无执，蔡应等之俳优，扬雄悔为童子，爰及江左，称彼颜谢，箴绣鞶悦，无取庙堂。宋初迄于元嘉，多为经史，大明之代，实好斯文。自是闾阎年少、贵游总角，罔不摈落六艺，吟咏性情，学者以章句为专鲁，淫文破典，斐尔为功。荀卿有言，乱代之征，文章匿而采，斯岂近之乎？

则绮靡之作，诚史家所恒厌，子玄屡称《宋略》以拟《左氏》，貌异心同，又谪其鲍照文学宗府，驰名海内，事皆阙如。子玄所讥，正李天生所诠司马光书不取文人之意，不足以非裴氏，此四事也。

六代史文，南谓北为索虏，北谓南为岛夷，以徒相轻丑，词无关宏旨，而实有义焉。范晔之于《南匈奴论》曰："窦宪、耿秉之徒，蹑北追奔，三千余里，若因其时势，还南虏于阴山，归河西于内地，防戎羯乱华之变。……而窦宪秪三捷之效，更立北虏，反其故庭，坐树大鲠，永言前载，何痛愤之深乎！终于吞噬神乡，丘墟帝宅。"斯岂泛尔之词乎？干宝《晋纪》言："泰始后，中国相尚用胡床貊盘，及为羌煮貊炙；贵人富室必置其器，吉享嘉会，皆此为先。太康中，又以毡为帊头及络带袴，百姓相戏曰：中国必为胡所破也，毡产于胡，而天下以为帊头带身袴口，胡既已制之矣，能无败乎？"干宝曰："元康中，氐羌反，至于永嘉，刘渊、石勒遂有中都，自后四夷迭据华土，是其应也。"斯岂泛尔之辞乎？宋武帝既灭姚氏，三秦父老闻裕将还，诣门流涕诉曰："残民不见王师百年于兹矣，始睹衣冠，人人相贺，长安十陵，是公家坟垄，千门万户，是公家府殿，舍此欲安归乎？"宋文帝既挑拓跋之祸，"魏人凡破南兖、徐、兖、豫、青、冀六州，杀掠不可胜数。丁壮者即加斩截，婴儿贯于槊上，盘舞以为戏，所过郡县，赤地无余，春燕归巢于林木，自是邑里萧祭，元嘉之政衰矣。"斯岂泛尔之辞乎？裴氏书于北事胥以胡狄目之，盖史人于胡马凶残，怨深刺骨，固非清谈者流，新亭兴慨，惟以运有兴废视之而已。子玄又谓几原删略《宋史》，时称简要。至如张祎阴受君命，戕贼零陵，乃守道不移，饮鸩而死，虽古之钼麑，何以加诸，事皆阙如，何以申其褒奖。《宋略》于司马休之举兵内向，裴子野曰：

> 司马休之之动，非其时也，天方厌晋，罔敢知吉，己虽欲得，无乃违天乎？五运无不亡之国，为废姓受朝，贤若三仁，且犹颠沛，而况豪侠哉。昔中原殄寇，道尽于时，四海争秦，岂徒系晋，得失存

乎大义，故能遂荒南土，其兴也勃焉，至义熙不异于是矣。而宋家支离，未忘前事，彼逆越逸，祸将日寻。岂戬黎之伐宏少，将咎周之徒孔炽。

则子野既致惜于休之，更何取乎张祎。盖曹、司规模，齐、梁相袭，元勋佐命，胥属殷遗，悠悠风尘，皆无取君臣之固也。子玄徒致贬于鲍昭、张祎，而不能求其义于司马休之与《雕虫论》，则亦未足以言裴氏也。凡当世史人，多恨切于夷夏，而义疏于君臣，是亦子长退处士而进奸雄，崇势利而羞贫贱，孟坚讳主辟而折忠臣，贵取容而贱直节之类也。魏晋以来之史学，于中国为中兴，旨义深美，上比晚周，下启两宋，非汉唐所能逮，文辞、思想亦与当代风习不同。今因裴书略发数事于此。若何法盛之《晋中兴书》、王劭之《齐志》《隋书》、许亨之《梁史》，鱼豢《魏略》、陆机《晋书》之类，往往大义足与群书相发，有可得而言，以与裴书无涉，不复缕陈。

附：《宋略总论》校记

宋高祖武皇帝以盖世（李昉《文苑英华》作代，以下省称李）雄才，起匹夫而并六合，克国得隽（明抄本《文苑英华》作俊，以下省称明抄），奇略（李作寄迹，明抄作奇迹。略，周应治《广广文选》作迹，以下省称周；陈继儒《古论大观》作绩，以下省称陈）多于魏武，功施（徐抄本《建康实录》作施，以下省称徐抄）天下，盛德厚于晋宣，怀荒伐叛之劳（李此下有而字，明抄而下空一字），夷边荡险之力，百战（李无百战二字）百胜，有（李无有字）可得而论者矣。拔（李作政，傅作跋，周无拔字）足行（李此下有阵之二字，周阵下空一字）间，却孙恩（明抄无孙字，恩作思）蚁聚之众；一朝奋臂，扫桓玄盘石之宗。方（许嵩《建康实录》作万，以下省称许）轨长驱，则三齐无坚垒；回戈（许此下有五兵二字）内赴（许作起），则五（许作丘）岭靡（许作无）余妖（许此下有残孽二字）。命孙季（许作秀）高于巨（明抄作臣）海之上，而番禺席卷；攉朱龄石于百夫之下，而庸蜀来王。羌胡畏威，交（梅鼎祚《梁文纪》作文，以下省称梅）为表里；董率虎旅，以事（许作俟）中原。石门、巨（严可均《全梁文》作巨，以下省称严）野之隘，指麾开辟；关（许作鹊）头、灞（严及明抄作霸）上之阻，曾莫藩篱。虏其酋豪，迁其重器（李作宝），登未央而洒酒，过长陵（严作陆）而下拜。盛矣哉！悠悠（徐抄本悠下有二字）百年，未之有也。于是倒载干戈，休（明抄作沐）兵泗（许作四）水。彤弓纳陛，肇有宋都，蒂（傅振商《古论玄著》作叶，以下省称傅）芥必除，华夷莫拒（许无上二句）。然后请号（李作乎，明抄作呼）上帝，步骤（许作骤）前王。零陵去之而无（许作莫）猜（文津阁本《建康实录》作新，以下省称文津）心，高祖受之而无媿（许作愧）色。古之所谓义取（梅无取字）天下者，斯之谓与（许作焉，李作乎，此从徐抄）？若（许无若字）其提挈创业（李作创草），则魏、孟、何、刘；辅相总持，则穆之、徐羡。镇恶、道济经其武，傅亮、谢晦纬其文。长沙以豕弟（许作家第）共艰难，烈武（李作武烈）以清贞（许作贫）定南楚。其他（陈无他字）胥附奔走，云合（许作罪）雾集，若榱橼之构（许空，云今上御名）大厦（文津此下有若字），众星之仰河汉，或取之于民（周作武）誉（明抄与严、梅、周同作举），或得之于未名（文津未名作灵祥），群才毕（李、许作必，此从徐抄）呈（李作逞），智能咸效（李、梅作效，明抄作郊）。爵不妄加，官无（许作不）私谒。晋末所（许无所字）以荒淫（李作济）淆（傅作浠）混（许作泥乱），阿党容纵（明抄作踪），莫不扫荡（李作驱扫）革易，与之更始。君行卑菲（许无菲字），而国（许作咸）不为陋（许作者）；民勤征（许无征字）戍，而下无怨讟。品令宥密，赏罚（文津下有克字）端平（文津无平字），远无不怀，迩无不附，属为郡县（许作州郡，文津作郡县）者，则南过交趾（许作阯，文津作趾），西包（许作苞，徐抄作包）剑阁，北划大（李作黄）河，而（文津作东）绕（许作境）东海。七分天下而复（李作有）其四。自（许无自字）永初末岁（傅无岁字），天子负扆矜（李作务）怀，以（傅以下有德字）燕代为戎（许作戎幄），岐梁重梗，将誓六师。屠桑干而境（梅作北）北地（许作狄），三事大夫顾（李作愿）相谓曰：待夫振旅凯入，乘辕南反。请具银绳琼检，昭告（李作告报）东岳。既（傅无既字）而（明抄而下空一字）洮颍（李无颍字，傅作盟洮）弗（许作不）兴，即（徐抄作师）年厌（李作献）世，营（许作荥）阳（李此下有王字）狃于（文津作子）弗训（李作不顺，梅作许），以败皇（李无皇字，明抄空皇字）舆，太祖宽肃宣惠，大成（李作臣，明抄作成）先志（李作光表），超（许作表）越二昆，来膺（李作应）宝命。

沉明内断，不欲政（许无政字）由宁氏，挠（李作克，文津及徐抄作尧）灭（许无灭字）权逼，不（许无不字）使芒刺在躬，亲临朝政（李作事），率遵（李作尊）恭德（许作法），斟酌（明抄作勘酌）先王（严作生）之典，弘（李作强）宣当世（李作时，明抄作世）之宜，吏久其职，育孙（严作生）长子（许无上二句），民乐其生，鲜陷刑辟。仁厚之化，既以（李作已）播流，率土欣（李作忻）欣（明抄本作忻忻），无思不服（许作悦，明抄同），每车（李无车字）驾巡幸，箫鼓所（李作听，明抄作所）闻，百姓皆（李无皆字）扶老携幼（李作扶携老幼），想（梅及文津作相）望仪型（各本作刑，此从梅，文津及傅作形），爱之（许下有乐之二字）孜孜如（李下有日字）不足（徐抄作及）尔（李无尔字）。初（徐抄无初字）徐（徐抄下有物字）傅伏诛，继求内相，王弘处之而思降，彭城欲之而弗（许作不）违。王华、殷景仁以（文津周下有刚字，徐抄空一字）忠（许作中）允（许无允字）熙帝载，谢弘微、王昙首以沉密赞枢机，徐湛之（傅无徐湛之三字）、江湛（李、徐下空一字，无湛之之江湛四字，梅于空作陵字，周于空作湛之二字，陈不空）、王僧绰以体国彰义信（许作正，明抄及梅、傅作信义），谢方明、刘道产（李作生）以德（李作治）惠（许作庆）称良能。高简（许作间，徐抄作闻）则王（李无王字，明抄有）令（许作全）明（梅作名），清贵则王蓇玉（李作王旧，明抄作王旧王，按王球字蓇玉，此径改正。许作方续），文章则颜延之、谢灵运有藻（周作澡，陈同）丽（许作命世）之钜（许作巨）才，儒雅则（周则下空一字）裴、荀（明抄作荀）、何、傅擅（明抄空擅字，许作为）师表之高学（许下空二字，徐抄不空，文津于空作见微）。刚（许作则，下有徐字）亮骨鲠，则袁粲、蔡子度（许作粲子广），建言（徐抄言下有傅字）忠益，则范泰、何尚之。其（李无其字）宗室藩（李作文）翰，帝弟帝子，则（许无则字）江夏、衡阳（许下有南昌二字，徐抄及文津南昌作南平）、庐陵、随（周、傅作隋）王、建平、临川、新渝（李作喻），或清（许作倩）令而（许作夷，文津夷上有冲字）审（许作宵，文津无宵字），或文敏而（许作沾，明抄空而字）洽，皆博爱（明抄作受）以礼（许礼下有率字）士（许作士），明靡（许作美，傅作哲）以（许无以字）流誉。三四十年（李作十三四年，明抄年下空一字），为多士矣。上亦蕴藉（许作籍）义文，思弘儒术（李作府），庠序建于国都，四学闻（傅作开）乎（许作分于）家巷，天子乃移跸下辇以从之，束帛燕（许作宴）语以劝（许作观）之，士（许无士字）莫不敦悦

113

（许作阅）《诗》《书》，沐浴礼义，淑慎规矩，斐（明抄作裴）然向风（李作方，明抄作风）。其行修言道（文津作言行合道）者，然后登朝受职，威仪轻佻者，不齿于乡间。公宫非傧（梅作摈）羽不来庭，私家非轩盖不逾（梅作踰）阃（许作国），冠冕之流（许之流作以之），雍容如也。于是文教既兴，武功亦著（许作慕），命将受律，指日如期（李作斯，严作期）。檀、萧薄伐，则南登（许作澄）象浦（许作酒，文津及徐抄作郡），刘、裴爰（梅、周作斐）（许作庆，徐抄作爰）整，则西践仇池（李作他）。良驹巨（明抄作臣）象，充塞外厩，奇琛瑰（李作环，许作宝，此从严及明抄）货，下逮（文津作建）百僚（李作辽，许作寮，此从周、梅及明抄）。禽兽草木之瑞，月（梅作十）有六七，绳山帆（许作航，李作讽，此从明抄）海之译，岁且十余。江东以来，有国有家，丰功茂德，未有如斯之（许无之字）盛者也（李无也字）。然值北虏（许无虏字）方强（许作疆，徐抄作强），周、韩岁扰，金墉、虎牢，代（许作伐，徐抄作代）有得失（李作代失其御）。二十七年偏师剋（严、梅作克）复河南，横挑（李作躁，明抄空挑字）强（许作疆，徐抄作强）胡（傅作刭，文津作敌）百万之象，匈奴遂跨彭沛（李作泽）、航淮浦，设穷（周作穷）庐于瓜步，请公主以和亲。于（傅作予）时精兵猛将，婴城而不敢斗（许作辟），谋臣智士，折挠而无所（李作可，明抄空一字）称。天子乃（许作三）朝（许下有燕字）飨单于，临江高会。于是起（梅作启）尽户（严作尸）之役，贷富（许无上五字）室之财，舳舻千里，缘江而陈（许作阵）。我守既严，胡（文津作北）兵亦怠（许作急）。且知（李无知字）大川所以限南北也。疲老而退归（许作归退），而（各本无而字，此从明抄）我追奔之师，橐（李作囊）弓裹足，系（陈作低）虏之民，流离道路。江淮以北萧然矣。重以含章巫蛊，始自（徐作曰）二（各本作三，此从文津作二）逆，合殿酷帝（许作殿杀酷帝，文津作弒帝合殿），史籍未（许作史之于，文津于作所）闻。仲尼以为非一朝一（明抄无一字）岁之故，其所由来者渐矣。由（李无由字）辨（周及文津作辨，下同）之不早辨也。元嘉之祸，其有以焉（许无此二句）。世祖率先九牧，大雪冤耻，身当历数，正位宸（李作天，许作震，此从徐抄）居。聪明徇（许作绚）达，博闻（许作文）强识（李作记）。威可以整法，智足以胜奸，君人（许作人君）之略，几将（许作殆）备矣。一（许无一字）时之风流领袖，则谢庄、何偃、王或（许作王元长，陈作或）、蔡兴宗、袁（李、梅同作索，严作袁）颙（傅作剀）、袁（明抄作表）粲，御侮（李作武）名（许无名字）将则沈庆之、柳（李作抑）元景、宗悫、朱修之（许作朱循之，李作宗敞之，无朱循二字，明抄有，《宋书》作朱修之，此从文津作修之）。或清华（李作洁清，明抄空洁字）以秀雅，或骁果以出（李作步，疑陟字之缺，许作生，疑出字之误，傅作拔，此从文津）类（许作颣，文津及徐抄作类），固（李、傅作因）以轨道廊（李作廊）庙（李无庙字）之中，方驾（李作知，傅作如）向时之略（李作士）。若颜竣（许作峻）之（许无之字）经纶忠烈（李作劲），匪（许作乃）躬谅直，虽晋之狐、赵无以尚焉。帝即位二三年间，方逞其欲，言拒谏违（李作拒谏是已），天下失（陈作夫）望。夫以（许作而有，徐抄空而字，明抄作夫有）世祖（许下有于字，徐抄空于字，文津于作宏）才明，少（文津作帝）以礼度自肃，思武皇（傅作王，严作皇武）之节俭，追太祖之宽恕（明抄作如），则汉之文、景曾（李作宗）何足云（许作论）。景和申之以淫虐，太宗易之以昏纵。师旅荐（李及文津作荐）兴，边鄙蹙（许作促，徐抄作蹵）迫，人怀苟且，朝无纪纲（明抄作网）。内宠方议共（许作其）安，外物已睹（文津作视）其败矣（李作已）。初（许无初字），世祖登遐，既（李无既字）委重（徐抄作任）于二戴（李作载），太宗晏驾，亦托孤于王、阮。渫（许作沟，文津作渫，徐抄空渫字）近之道同（许无同字，徐抄有同字，文津同作有）归，冲（梅作众）人之衅（许作釁，明抄同）如一。然宋祚未绝于永光，更（许作重）以宗王（许无王字）之见窘，水德遂亡于后嗣（许无于后嗣三字，李无嗣字，明抄空嗣字，此从周），实由强臣之受辱。且顾命群（李作郡）公，从容自重（许作若），濡滞（李作畏懦，许亦作懦无畏字，文津作畏懦，此从徐抄）伊、霍之机，绮（许作倚）靡唐虞之际。于是蔚炳胥（徐抄作国，文津作骨，下有肉字）变，明（许无明字）命就迁，俯仰之间，兴（徐抄作盛）衰易用矣（许作易觊之矣，规徐抄作觊）。周自平王东迁，崎岖河洛，其后二十四世，而赧（许作已，徐抄作赧）始亡（明抄作王）之。汉自章、和以（许作既）降，颠覆阉竖（明抄及周、陈作竖），其后百有余载（傅作岁），而献始禅之。何则，周、汉灵长，如彼难拔，近代脆促（徐抄空此二字，文津促从从），若此易崩。非徒（李无徒字）天时，亦（许作有）人事矣（李作也，明抄无也字）。开（李作闻夫，文津作辟）鸿荒者难为虑，因成（李无成字）事者易为力。曹、马规模，悬乎前载（徐抄作代），苟有斯会，实启英雄。而况太宗为之驱除（许作驰，文津及徐抄作除），先颠（文津无颠字）其本（李空二字，明抄空上一字，许无二字，严及周作本根，此从梅及傅），本（周本上有夫字）根（明抄作根本）既蹶（李及徐抄作蹷），枝叶遂（许作自）摧，斯则始于人事者（李作也）。昔二代将亡，殷辛、夏癸相去数百年间，异代（李作世）而后（许作复，徐抄无复字）出，宋则（许作自）景和、元徽，首尾不能十（明抄作拾）载，而降（周作淫）虐过于二君（许作过于两君），斯则天之所弃，笃（许无笃字）于前王者（许无者字）也。天意人事，其微（傅作征）如是，虽欲勿丧（李作宾），其可得乎。若乃拯厥涂炭，蒙逆取之辱者（许作驭逆取欲者），汤、武之志（许作功）也。私（许无私字）钼当路，饰揖让之名者，近代之事也。岂（李作其，明抄仍作岂）应天从民，道有优劣，故宗庙社稷修短异（许作有）数乎（李无乎字）。不然，则何（许及明抄作何则，徐抄及文津作何其）殊途（李作尤）缅邈如斯之远也！夫山岳（李作岳）崩颓（周作颓），必有朽坏（李作壤）之隙（许作隙），春秋迭代，亦（许作必）有去故之悲。是以临危亡而抚理（许无理字）运，未有不扼腕留（李作流）连者也。近（许无近字）古之弊，化薄俗行乎宋氏（李无宋氏二字，傅作时代），宋氏之（许无之字）成败得失著（评作验）乎行事。从（许作设）而言之，载于篇籍（李无籍字）矣。系叙其（严作非）所以（许无以字）创业垂统，而怀其旧俗遗风（许下有余烈将不喑然六字），逮于（许作建乎）贤人君子，英声余论，以附于兹。子野曾（许无曾字）祖宋中大夫（诸本夺太字，据《宋书》补）西乡侯，以文帝之（许无之字），十二（许作三）年受诏，撰《元嘉（许无元嘉二字）起居注》，二十六年（许作十六年），重被诏（李作绍）续成何承天《宋书》，其年终于位，书则未遑述作。齐兴后数十（许作十余）年，宋（许作定）之新史既行于世也（许无也字）。子野生乎泰始之季，长于永明之间（李作年，明抄空年字），家有旧书，闻（明抄作开）见又（许作交）接，是以不量（李作用，明抄作量）浮（许作深）浅，因宋（许作宗，徐抄作宋，文泽作定）之新史以（李无以字）为《宋略》二十卷（许下有篇字，文津作余篇），剪裁（李作裁）繁文，删撮事要，即其简寡（许作宣），志以为名。若（李无若字）夫黜（许作点）恶彰（明抄作章）善，臧否与夺，则质（李无质字）以先达格言，不有私也。岂以（明抄作有）勒成一家，贻之好（明抄作如）事，盖司典之后，而（文津无而字）不敢（李无敢字）忘焉。

裴子野曰：余齐末无事，聊撰此书；近史易行，颇（徐抄作类）见传写，比更寻读，繁秽犹多，微重刊削，尚未为详定。

——原载 1934 年 10 月《国立北平图书馆馆刊》第八卷第五期

评《学史散篇》

双流刘鉴泉先生年未四十而殁，著书已百余种，先生于宋明史部、集部用力颇勤，《史学述林》《文学述林》两著持论每出人意表，为治汉学者所不及知，张孟劬先生所称为目光四射、如球走盘，自成一家之学者也。先生殁已三年，余始于燕市获见此册，犹封存印书局，尚未流行。其书首《唐学略》，次《宋学别述》，次《近世理学论》，次《明末二教考》，次《长洲彭氏家学考》。前二篇最宏大杰出，第三篇立论殆别有旨，末二篇备言近世宗教史之故，事亦最奇。五篇近五万言，搜讨之勤，是固言中国学术史者一绝大贡献也。

中国学术，建安、正始而还，天宝、大历而还，正德、嘉靖而还，并晚周为四大变局，皆力摧旧说，别启新途。魏晋之故，迩来注意及之者已多。而晚唐、晚明之故，则殊少论及。先生于唐推韩愈先后及并时之人，以见古文流派之盛。由因文见道之说，而寻其思想，以见孟、荀、扬雄、王通所以为世尊仰，而佛老所以逢诃斥，六朝唐初之风，于此丕变，以下开两宋。凡表见二百三十人，师友渊源，及其讲学义趣，若示诸掌，则唐学于此可寻，信可谓绝伦也。

考李舟《独孤常州集叙》曰："天后朝广汉陈子昂独溯颓波，以趣清源，自兹作者，稍稍而出。先大夫（李岑）尝因讲文谓小子曰：吾友兰陵萧茂挺（颖士）、赵郡李遐叔（华）、长乐贾幼几（至），洎所知河南独孤至之（及），皆宪章六艺，能探古人述作之旨。"与此篇所举独孤作《李华中集序》、梁肃作《李翰集序》，同以萧、李、贾、独孤并称，信四家为天宝以来文学之巨擘，实唐古文家之公论。此篇揭橥四家，诚得纲维。又益之以李华《三贤论》，而冠元、刘二家于首，以示先河，尚不为赘。持此以嘲论文者徒举韩、柳，固足以破数百年来选家之庸昧。然既曰唐学，似不必侧重于文，事不孤起，必有其邻，有天宝、大历以来之新经学、新史学、新哲学，而后有此新文学（古文）。由新文学之流派以见一般新学术之流派则可，惟论新文派以及其思想，而外一般新学术，将不免于隘。唐之新经学、新史学，其理论皆可于古文家之持说求之，是固一贯而不可分离者。吕温学古文于梁肃，肃学于独孤及，梁肃而下，由韩愈而皇甫湜，而来无择，而孙樵，其渊源可谓盛也。温之《与族兄皋请学〈春秋〉书》，此可代表一般古文家对于经学之意见，亦即一般新经学之目标。温书曰：

> 儒风不振久矣，夫学者岂徒受章句而已，盖必求所以作人，日日新，又日新，以至乎终身。夫教者岂徒博文字而已，盖本之以忠孝，申之以礼义，敦之以信让，激之以廉耻，过则匡之，失则更之，如切如磋，如琢如磨，以至乎无瑕。魏晋之后，其风大坏，于圣贤之微旨，教化之大本，人伦之纪律，王道之根源，荡然莫知所措，则我先师之道，其陨于深泉。是用终日不食，终夜不寝，驰古今而慷慨，抱坟籍而大息。小子狂简，与兄略言其志也。其所贵乎道者六：其《诗》《书》《礼》《乐》《大易》《春秋》欤？人皆知之，鄙尚或异。所曰《礼》者，非酌献酬酢之数、周旋裼袭之容也，必可以经乾坤，运阴阳，管人情，措天下者，某愿学焉。所曰《乐》者，非缀兆屈伸之度、铿锵鼓舞之节也，必可以厚风俗，仁鬼神，熙元精，茂万物者，某愿学焉。所曰《易》者，非揲蓍演教之妙，画卦举蹊之能也，必可以正性命，观化元，贯众妙，贞夫一者，某愿学焉。所曰《书》者，非古今文字之舛、大小章句之异也，必可以辨帝王，稽道德，补大政，建皇极者，某愿学焉。所曰《诗》者，非山川风土之状、草木鸟兽之名也，必可以警暴虐，刺淫昏，全君亲，尽忠孝者，某愿学焉。所曰《春秋》者，非战争攻伐之事、聘享盟会之仪也，必可以尊天

子，讨诸侯，正华夷，绳贼乱者，某愿学焉。此于非圣人所论，不与于君臣父子之际，虽欲博闻，不敢学矣。

斯旨也，古文家对六经之旨，亦即新经学派之旨也。所谓新经学者，啖助、赵匡、陆质之徒是也。凡新经学皆与古文家师友渊源相错出，力排唐初以来章句之经学，而重大义，故温复学《春秋》于陆质。《萧颖士传》："于是卢异、贾邕、赵匡、柳并皆执弟子礼，以次受业。"而陆质即学于赵匡，匡又学于啖助。啖、赵、陆以《春秋》鸣，而萧颖士、独孤及、梁肃、吕温以古文鸣，其师友渊源之相密接如此。《新唐书·儒学传》言："啖叔佐善《春秋》，考三家短长，缝绽漏阙，号《集传》。赵匡、陆质传之，遂名异儒。大历时，助、质、匡以《春秋》，施士匄以《诗》，仲子陵、袁彝、韦彤、韦茝以《礼》，蔡广成以《易》，强蒙以《论语》，皆自名其学。"殆皆唐之异儒也。啖、赵之于《春秋》，亦卢仝"《春秋》三传束高阁，独抱遗经究终始"之意也（窦群从卢庇受啖氏《春秋》）。萧颖士亦明于《春秋》者也，施士匄以《诗》，亦以《春秋》，文宗所斥为"穿凿之学，徒为异同"者也。刘轲善古文，其从寿春杨生，生以传《书》为道者也，而轲亦著《三传指要》。韦处厚学古文于许孟容，孟容者，传父鸣谦之《易》学，书处厚复学经于刘淑，淑为禹锡之父，禹锡称为先仆射者也，而禹锡亦以文鸣。若樊宗师之作《春秋集传》，苏源明之传《元包》，此古文家也，而为新经学者。下逮陆龟蒙犹以古文后劲宗啖、赵《春秋》。宗经复古者，实唐古文家之标的，故新文学与新经学同为气类，而下启柳开、穆修、孙复、刘敞，故古文家言文必曰"取之六经"，再则曰"效扬雄、王通之辞"，唐之异学固古文之贤也。若萧颖士又以《春秋》之法施之于史，编年盛而褒贬义例之说兴。颖士《与韦士业书》曰：

> 孔圣因鲁史记而作《春秋》，托微辞以示褒贬，惩恶劝善。有汉之兴，旧章顿革，纪传平分，其文复而杂，其体漫而疏，事同举措，言殊卷帙，首末不足以振纲维，支条适足以助繁乱，于是圣明笔削之

文废矣。仆欲依鲁史编年，著《历代通典》，于《左氏》取其文，《穀梁》师其简，《公羊》得其核，综三传之能事，标一字以举凡，扶孔、左而中兴，黜迁、固为放命。

《新书·萧颖士传》称：

> 颖士谓《春秋》为百王不易之法，而司马迁作本纪、世家、列传，不足为训，撰编年依《春秋》义例，书高贵乡公之崩，则曰司马昭杀帝于南阙，书梁敬帝之逊位，则曰陈霸先反。黜陈闰隋，以唐土德承梁火德，此自断诸儒不与论也。有太原王绪撰《永宁公辅梁书》，黜陈不帝。颖士佐之，亦著《萧梁史谱》，及作《梁不禅陈论》，以发绪义例。

法《春秋》之黜陟褒贬，此固新史学之标的也。刘轲亦曰："自《史记》《班汉》以来，秉史笔者余尽知其人也，余虽无闻良史，至于实录品藻，增损详略，亦各有新意，常欲以《春秋》条贯，删冗补阙，掇拾众美，成一家之尽善。"柳冕亦曰："司马迁过在不本于儒教以一王法。夫圣人之于《春秋》，所以教人善恶也，修经以志之，书法以劝之，立例以明之，故求圣人之道，在求圣人之心，书圣人之法，法者凡例褒贬是也，而迁舍之，《春秋》尚古，而迁变古，由不本于经也。"盖自是以来，义例褒贬之说盛，陆长源、沈既济之徒，皆以义例言史。而皇甫湜《东晋元魏正闰论》亦即沿颖士以兴，下逮于宋欧阳修、苏轼、陈思道《正统论》继之。义例之说，欧阳修《新唐书》《新五代史记》，尹师鲁《五代春秋》，吕夏卿《唐书直笔》继之。编年之体，自此遂以大盛，非复唐初专师《汉书》之风。此类作者，亦皆古文家也。柳冕者，柳芳之子，而柳并、柳谈之宗，亦源于萧颖士，柳镇亦其族，而宗元者又镇之子也。此皆明新史学之与古文家为辅车相依。至孙甫、苏洵、司马光而褒贬正闰之说以息，此新史学之又一进也。有唐之古文以反六朝之俪体，而开宋之古文，有唐之新经学、新史学以反唐初正义、五史一派，而下开宋之经史学，其义一也。此义似不可忽。

　　若刘先生又谓："退之于学术诚有变革之功，然其学实枵浅无可言。综其议论，不过三端：一曰矫骈俪之习而倡古文，二曰矫注疏之习而言大义，三曰惩僧道之弊而排佛老。退之之言孔子传之孟子，孟子纯乎纯者，荀与扬大纯而小疵，似专宗孟而实不然，诸人于孟子之旨固多不明。"斯言亦为稍过，退之论不二过，究心于诚明之说，欧阳詹从而申之。退之论性三品，皇甫湜从而申之，皆以益邃。至李习之《复性书》三篇，已足以启千古之长夜，与伊洛之旨，犹响斯应。溯而上之，陆质之《删东皋子集序》曰："亡所拘而迹不善教，遗其累而道不绝俗。"斯固直内方外之旨，合道器于一，盖已确有所立。下迄皮日休、陆龟蒙，其视孟子固不与荀、扬同科，皇甫湜尤揭性善之旨，谓与经合（惟杜牧之说颇是荀卿，两家皆出于三品说）。而独大历以还，于义理之说，概乎无闻，则忽于陆质、李翱以来之文之故也。大历以来，论天、论《易》、论性、论诚，实以《中庸》《孟子》为中心，信可谓已知所讨究，下逮欧阳，于《复性书》曰："此《中庸》之义疏耳，不作可焉。"则唐人之意，至宋不能尽识者有之，而概以枵浅目之，未免过苛。由《孟子》性善而及于《中庸》诚明，已不可诮以肤末，所未逮于伊洛者，尚未及《大学》诚意之旨耳。（程、朱以《大学》有错简，是犹未尽《大学》之旨，阳明主古本，盖《大学》"意"之一字，至姚江良知之说而后明。）若以其不尽得孟氏之旨而少之，则自刘轲《翼孟》、林思慎《续孟》以来，及于宋冯休《删孟》、司马《疑孟》，苏轼、李觏，尚多非辩七篇，即尊信孟氏若王安石，学之深淳如两程氏，于孟氏亦未能尽同。北宋一代实无纯同于孟氏者，下至晁以道、余允文而争议始息。南渡以来，然后于七篇无异辞，故相反若朱元晦、唐与政，而于孟氏不容有一言之出入则无不同，是又乌得以不尽同孟氏为唐贤病？（窃谓孟、荀并论为未得孟氏，及于《中庸》诚明而专尊孟氏，为韩愈以来一进境，至贾同责荀，而其义始大畅耳，又至南渡乃笃信孟氏以绌扬雄、王通，则视北宋又别，是皆学术发展之阶段，未可忽者。）若曰轲之死不得其传焉，曰孟子功不在禹下，曰荀、扬大纯而小疵，一再言之，斯岂无据而偶焉为是说耶？知其师友之间，玩索六经之际，固已悠然以会于心，而有默然以相启者也。故唐之古文家曰文以载道，自有其所载之质，而后形之于文，非徒因文以见道也。犹有进者，宗经复古，崇仁义，宗孔、孟，贵王而贱霸，其事犹非一朝夕所能及也。自尹知章遍注《老》《庄》《管》《韩》《鬼谷》（见本传），赵蕤《长短经》综纵横儒法自成一家，他若来鹄之于《鬼谷子》，皮日休之于《司马法》，韩愈、柳宗元于《墨子》《列子》《荀卿》《鬼谷》，皆尝出入，杜牧于《孙子》，杨倞于《荀子》，卢重玄于《列子》，其议论尚可寻，至《唐书》志、传所载贾太隐、陈嗣古于《公孙龙》，胜辅于《慎子》，而杜佑于《管子》，陆善经于《孟子》，皆为之注，而《太玄》《法言》，注者尤多，是皆反六朝隋唐传统之学者，亦先乞灵于晚周百家之说，稍进而儒家之说，孟、荀、扬、王之说乃独显，而孟始特尊。由先有解放之运动，而渐辟新途，于是经史文学，迥与昔异，而义理之旨乃隆。至《隐书》《谗书》《两同书》《化书》《素履》《无能》《伸蒙》《续孟》，皆足见解放之风，与渐入于孟氏之域，波澜之阔，虽似不及魏晋，而研精反约，主《中庸》，尊《孟子》，若又过之。

刘先生析《唐学略》为二章：（一）《古学者略表》，大体就古文一家论，似失之隘；（二）《实学略论》，忽于唐之新史学未得其要，则泛及于唐初五代史，并三史注，元行冲《老》《庄》之注，及《三教珠英》之类，下及苏冕《会要》，斯皆无与开天、大历之风气。似初本由论唐文，以渐及其他，故二章不相应，而于唐人学术体系翻有未融，斯殆由刘先生深恶编年义例之说，而笃信道家之言。故忽唐之新史运动（《史学述林》言："北宋史家著史，皆有所长，然于史学皆无所论说。"此即由刘先生忽视唐人史说而然，一究唐之新史学，而北宋史家之意了然无待论也，吾已别于《宋代史学》详论之），不喜人排佛道。故卑视唐人之思想，是或一蔽也。要之，曹爽之难，而何晏、丁谧皆及于祸，王叔文死而吕温、陆质、刘禹锡、柳宗元皆败，是皆欲以新学术运动为新政治运动，与清之戊戌变法事同一辙。叔文于数月间召陆贽阳城，而罢德宗秕政（免进奉、蠲诸色、罢宫市、五坊小儿等），其锐然自诩，互相推奖曰伊、曰周、曰管、曰葛，其自任者重，亦以所挟者贵也。乃不幸而败，而史氏以丑词诋之，斯亦有待于连类辨证者也。

大历以还之新学虽枝叶扶疏，而实未能一扫唐之旧派而代之，历五代至宋，风俗未能骤变也。旧者息而新者盛，则在庆历时代，然后朝野皆新学之流，五季宋初，新派学者，皆潜在草野，若孔维、邢昺、杜镐、舒雅之校撰群经正义，刘昫、薛居正之撰旧《唐书》《五代史》，文则四六，诗则西昆。《太平御览》《册府元龟》《文苑英华》之集，皆旧派也。盖沿《北堂书钞》《艺文类聚》之风。朝列所登，多吴、蜀旧臣，显途皆属旧派。而唐以来之新派，皆潜伏无声华。种、穆、柳、孙既皆肥遁，而隐居以经术文章教授者尤多，研几则以《易》，经世则以《春秋》，此囿源于唐之新学者也。陆游曰：《易》学自汉以后浸微，宋兴有酸枣先生，以《易》名家，同时种豹林亦专门传授，传至邵康节遂大行于时。"《东都事略》言："王昭素，酸枣人，著《易论》三十篇，李、穆而下，有闻于时者，皆其门人也。子仁，亦有潜德。"晁公武言："昭素隐居求志，行义甚高。"赵汝楳言："《易》灾异于西汉，图纬于东都，老、庄于魏晋之交，赖我朝王昭素、胡安定诸儒挽而回之。"则酸枣先生于《易》学所系之重也。陈振孙言："皇甫泌著《易解》，其学得之于常山抱犊山人，而萧阳、游中传之，山人不知名，盖隐者也。"《东都事略》言："陈抟不乐仕进，隐居武当。"又言："种放隐居终南山豹林谷，闻陈抟之风，往见之。"张齐贤称："放隐居求志，孝友之行，可励风俗。"又言："穆修师事陈抟，而传其《易》学。方是时，学者从事声律，未知为古文，修首为之倡，其后尹源与弟洙始从之学古文，又传其《春秋》学。"（《宋史》言："苏舜卿辈亦从修学《易》。"）又言："高弁从种放学于终南山，又学古文于柳开。"陈振孙言："王洙著《周易言象外传》，其序谓学《易》于处士赵期。"文彦博言："武陵先生龙君平，陵阳人，藏器于身，不交世务，闭门却扫，开卷自得。"范仲淹言："岷山处士龙昌期，论《易》深达微奥。"是见宋初新学诸儒，守唐人异学，皆避世无闷，风操峻远。邵雍、胡瑗、孙复，何莫非幽栖岩穴，潜心道微，然后能光大其途。流风既广，而后能祛千载之弊，一洗空之。初宋以还，其人既众，其学亦博，若舍《易》《春秋》之传而专详陈抟、刘牧、周、邵之渊源统系，则似宋初之学唯《太极》《先天》《洛书》《河图》之传耳，将转有伤于柳、穆之宏大，其所表见者八十余人，亦将暗然无光矣。盖自唐季以来，学术猥鄙，风俗颓薄，宋兴尚未能革。刘先生言"庆历以前先沿南而后则沿北"者，实先之显学与后之显学有殊，非北之寇、晏学南之王、钱，南之欧、曾、王、苏学北之柳、穆、孙、石，经五季之乱，文章在南，晏、寇一仍旧贯耳。庆历以后新派勃盛，无南北皆新派也。李方叔《师友谈记》："欧阳公《五代史》最得《春秋》之法，盖文忠公学《春秋》于胡瑗、孙复。"柳、孙一派，殆至欧公而后显。自是以还，政治学术，皆焕然一新，涤荡污蔓，拔一世于清正之域。自天宝、大历以来发其端，至庆历而后盛，中间埋没无闻者不知凡几，其仅存者，而说学术史者（黄、全《学案》）、文学史者（诸古文选本）又不道及，非鉴泉先生之博学笃志，则宋之学将莫知其所以始，而唐之学莫知其所以终，则此区区两表，于文化史之贡献，亦云伟矣。

至论吕学、王学、苏学三篇，于考核渊源，皆极明备，所益者多。论吕学颇有刘先自况之意，亦不免于有道家之见，于王、苏两论，广其流于李邦直、叶少蕴、秦少游、张文潜，具见博大深入，尤以李、张为最精。新、蜀两派，原与洛学抗衡，此论出而后二派之学，本末源流始具。鄙意尚有应附此三篇而论者，则此三家于南渡学派之关系也。南渡之学，以女婺为大宗，实集北宋三家之成，不仅足以对抗朱氏，而一发枢机系于吕氏。以北宋学派应有其流而南宋应有其源也。北宋之学重《春秋》而忽制度，南渡则制度几为学术之中心。考陈振孙言："王昭禹《周礼详解》，其学皆尊王氏新说。"王与之言："三山林氏祖荆公与昭禹所说。"指林之奇《周礼全解》也。林氏之学出于吕氏，而成公又从林氏学，故王应麟云："少颖说《书》至《洛诰》而终，成公说《书》自《洛诰》而始，则伯恭之于少颖，非泛泛也。"盖自荆公主变法师《周官》，其徒陆佃、方惫、马晞孟、陈祥道继之，为王门说《礼》四家，而制度之学稍起，魏了翁所谓方、马、陈、陆诸家述王氏之说者也。至于林、吕而女婺经制之学以兴。《浙江通志》言："龚原少从王安石游，笃志经学，永嘉先辈之学以经鸣者，渊源皆出于原。"此女婺之学有源于王氏者，不可诬也。王淮言："朱（晦庵）为程学，陈（龙川）为苏学。"《隐居通义》言："灵卧吴先生曰：近时水心一家，欲合周、程、欧、苏之裂。"此女婺之学远接苏氏，又不可诬也。盖庆历而后，程、王二派皆卑视汉、唐，故轻史学，北宋史学一发之传，则系于苏，故至南渡，二李三牟，上承范氏，史犹盛于蜀。史称王应麟与汤文清讲西蜀之史学，永嘉之制度是也。女婺之学偏于史，可谓远接苏氏之风乎！吕、叶、二陈皆以文名，固亦规摹苏氏，故朱子有伯恭爱说史学，护苏氏尤力之说。其先后相承脉络固若此，而后人必以女婺之学系伊洛一派，然其为学本末，判然与伊洛不侔，彰彰可知，以女婺之学亦有本之伊洛则可，谓纯出于伊洛则不可。黄溍曰："婺之学有三家焉，陈氏先事功，唐氏尚经制，吕氏善性理，在温则王道甫尝合于陈氏，而其言无传，陈君举为学皆与唐氏合，叶正则若与吕氏同所自出。"袁桷曰："女婺史学之盛，有三家焉：东莱之学据经以考同异，而书事之法得之于夫子之义例，以褒贬而言者非夫子旨矣。龙川陈同甫急于当时之利害，召人心，感上意，激顽警谕，深以为世道标准。说斋唐与政搜辑精要，纲挈领正，俾君臣得以有考，礼乐天人图书之会粹，力返于古。"盖女婺之学，萃洛、蜀、新学三家于一途，吕氏尚性理，则本于程者为多；唐氏尚经制，则本于王者为多；陈氏先事功，则本于苏氏者为多，既合三而为一，复别一而为三，衡学术流别，斯又未可置而不论也。明时俗学类书一派，多本之陈君举，故四库于吕、唐典制之作，悉收入类书，而策论一派，导源苏氏，言纲目义例一派，源于洛，末流之弊，可胜言哉！

　　总刘先生之书观之，殆意在补黄、全《学案》之不足。若《学案》于浙东之学，不具纲维，上则混其渊源于伊洛。吕、叶之徒，下及元明，柳贯、黄溍、吴莱一辈也，宋濂、王祎、胡翰又一辈也，而终于方孝孺，所谓金华文献之传者也。皆本经制为文章，实上承女婺，渊源亦可考，《学案》又不能详，而混其系统于朱元晦，其学之本末不侔于朱，犹陈、叶之不侔于程，黄、全必主于洛、闽，不惜割裂变乱其系统而淆之，于其为学大体，又未能具言。黄、全为清代浙东史学巨擘，吾是以知清代之浙东史学，固未足与言宋代之浙东史学，斯亦有赖于补正者也。姑因刘先生论王、苏、吕氏三家之学而发之，若《明儒学案》之编立姚江派，与程朱派范镐鼎之《理学备考》，正可相发，亦可取彼益此，以稍见一代规模，无使后人疑有明一代姚江之学遍于天下，而程朱几乎熄矣，况又有正德、嘉靖以来反宋明文章学术之一大宗乎？两《学案》自具宗旨，不必过责，而言宋明学者仅知此则陋矣。刘先生于《近代理学》一篇，意在合清世考据家于理学，自别有旨，不欲以鄙意衡之，而特述鄙意与刘先生相合而偶足以补其遗者。刘先生述及关中李元春，而未及其流。案清末西北理学，有炽然复兴之势，与李元春同时者有倭艮峰、苏菊邨、李文园，皆中州人。而李氏之流独广，其弟子之著者有杨损斋、贺复斋、薛仁斋。贺氏之门著者有牛梦周、张葆初，并时关中又有柏子俊、刘古愚。是皆西北之俊，关中之先觉也。其源远而流长，亦不可以弗论。吾求其书殆十数年而后备，将二十种，刘先生殆未之见，故言之亦未详。吾读刘先生书，叹未曾有，足以开人心目。聊陈管窥，补其阙遗，正其统纪，以为读刘先生书者之一助。惜不得起亡友与共详之。所幸通人硕彦，不吝匡吾两人所未逮，以起千余年来之坠绝，于承学之士，不无稍补也。

——原载 1935 年 6 月《图书季刊》第二卷第二期

跋华阳张君《叶水心研究》

经学莫盛于汉，史学莫精于宋，此涉学者所能知也。汉代经术以西京为宏深，宋代史学以南渡为卓绝，则今之言者于此未尽同也。近三百年来，宗汉学为多，虽专主西京其事稍晚，然榛途既启，义亦渐明。惟三百年间治史者鲜，今兹言史者虽稍众，然能恪宗两宋以为轨范者，殆不可数数觏，而况于南宋之统绪哉！双江刘鉴泉言学宗章实斋，精深宏卓，六通四辟，近世谈两宋史学者未有能过之者也。余与鉴泉游且十年，颇接其议论。及寓解梁，始究心于《右书》《史学述林》诸编，悉其宏卓，益深景慕。惜鉴泉于是时已归道山，不得与上下其论也。后寓北平，始一一发南渡诸家书读之，寻其旨趣，迹其途辙，余之研史，至是始稍知归宿，亦以是与人异趣。深恨往时为说言无统宗，虽曰习史，而实不免清人考订獭祭之余习，以言搜讨史料或可，以言史学则相间犹云泥也。于是始撰《中国史学史》，取舍之际，大与世殊，以史料、史学二者诚不可混并于一途也。

华阳张君，精究于史，撰《叶水心研究》一编，凡数万言，发摘旨要，穷其底奥，倘所谓能自得师者耶！不以余之肤庸，时相就讨论，且曰：将于南渡吕、唐、二陈诸家，一一为之董理如治叶氏。闻足音于空谷，能不使人蛩然而喜乎！余谓南渡之究史者众矣，而实以三派六家为最卓。其与北宋异者，自欧阳、司马之俦论史不言制度，而南宋诸家则治人与治法兼包，义理与事功并举，班、荀以降，言史固未有忽于典制数度者也。自孙甫作《唐史记》，谓礼、乐、兵、刑、钱、谷之事则有司存，为史者难乎其备载也，于是庐陵、涑水之书，其于朝章政典皆略而不言，盖"治在人不在法"者，固北宋一代之恒论也。南渡诸家，迥异于是。王祎言：

> 圣人之经，儒者之传，诸子百家之著述，历代太史之记录，以及天文、地理、律历、兵谋、术数、字学、族谱之杂出，皆学者所当读而通之者也。虽然，学问无穷，诚有不能遍观而尽识者。惟圣人之经，则弗可以莫之究也。先王之道，所以立天下之大本，先王之制，所以成天下之大业，皆于是乎在。乃自厄于秦，训诂于汉，愈传而愈失，时异事易，愈变而愈非。宋河南程子、关中张子者出，始克实践精讨。而圣贤明德之要，帝王经世之规，所以垂宪后世者，乃大有所发明。其后朱文公、张宣公、吕成公，一时并兴。而当其时，如永嘉薛氏、郑氏、陈氏、叶氏，闽中林氏，永康陈氏，后先迭出，各以所学自成其家。大抵均以先王之道为己任，以先王之制为必行。

苏天爵言：

> 南渡之初，一二大贤，既以其学作新其徒，吕成公在婺，学者亦盛。同时有声者，有薛（季宣）、郑（景望）之深淳，陈（傅良）、蔡（幼学）之富赡，叶正则之好奇，陈同甫之尚气，亦各能自名家，以表见于世。其为文也，本诸圣贤之经，考求汉唐之史，凡天文、地理、井田、兵制，郊庙之礼乐，朝廷之官仪，下至族姓、方技，莫不稽其沿袭，究其异同。

此见南宋诸贤治学之风范，与夫其人之众也。袁桷曰：

> 女婺史学之盛，有三家焉：东莱之学，据经以考同异，而书事之法，得之于夫子之义例，以褒贬而言者，非夫子旨矣。龙川陈同甫，急于当时之利害，召人心，感上意，激顽警媮，深以为世道标准。说

斋唐与政，搜辑精要，纲挈领正，俾君臣得以有考，礼乐、天人、图书之会粹，力返于古。

黄溍曰：

> 婺之学，有三家焉：陈氏先事功，唐氏尚经制，吕氏善性理，在温则王道甫尝合于陈氏，而其言无传，陈君举为说皆与唐氏合，叶正则若与吕氏同所出。

是事功、经制、性理为三派，而陈同甫、王道甫、唐说斋、陈止斋、吕东莱、叶水心为六家，此其卓卓最著者也。六家之学，唯王道甫其言无传，议论行事仅见于鹤山魏氏之书，他皆灿然具在，端绪可寻，言史以南宋为宗者，端在是也。抑又言之，三派六家实以东莱吕氏为之率。宋濂言：

> 东莱以中原文献之传，倡明道学于婺，丽泽之益，迩沾远被。龙川既居同郡，又东莱之从表弟，虽其志在事功，不能挈而使之同，反复磨切之，其议论或至夜分，要不为不至也。止斋留心于古人经制，三代治法，虽出于常州者为多，至于宋之文献相承，所以垂世而立国者，亦东莱亹亹为言之，而学始大备。

是六家之言虽或有殊，而吕成公实为之倡导，故其为学，若殊途而实同归，以与考亭之传颉颃抗垒。自吕、叶诸家而下，楼昉、陈耆卿、叶邦、王瀚为一辈，王扬、徐侨、王柏、吴子良为一辈，王应麟、车若水、舒岳祥、金履祥为一辈，吴师道、戴表元、闻人梦吉、许谦为一辈，柳贯、黄溍、吴莱、袁桷为一辈，宋濂、王祎、胡翰、戴良为一辈，以迄于方孝孺，其流若斯之永也。考其学风，皆祖尚吕、叶、二陈，所谓金华文献之传也。自梨洲、谢山作《宋元学案》，若黄、柳、吴、戴、王、宋之俦，皆系之朱学之统，谓诸家兼宗考亭则可，谓其直出于考亭则未可也。原黄、全之书本为理学而作，诚不得以理学之统绪为统绪。乃迩日言浙东史学者，于此不能辩正，仍据黄、全陈说以为言，可谓知学术之本者乎？即于六家之渊源，立言之惑固亦如此。谓吕、陈诸家之学有出于伊洛则可，谓悉本之伊洛则不可，斯亦不能读黄、全书者之过也。考北宋之学，以二程、苏、王为大宗，蜀学行北，逮乎女真南下，其风不衰，洛学、新学则行于南。女婺之学，实合北宋三宗于一途。溯其学脉之承，由荆公而龚原，而邹浩，而吕本中，而林之奇，而东莱，彰彰若是。荆公而上则欧阳永叔，李方叔《师友雅言》又以永叔为受《春秋》于孙明复。而二陈、叶氏之传，皆源于郑氏、芮氏，以上接泰山、安定，胥可按籍而稽，自有渊源，不必系之伊洛以相淆混也。原始要终，女婺之学，自有其源委，既合三而为一，复别一而为三，导始于北宋之初，流衍于元明之际，洋洋浩浩，足为壮观。其于道之精粗、政之本末，皆于是乎备。

余少年习经，好西汉家言。壮年以还治史，守南宋之说，是皆所谓于内圣外王之事，无乎不具也。近校印拙著《儒学五论》方竣，于西汉之学殆略推论之也。兹因张君之作为叙录南宋之学若此，冀于六家之言及其始末之故钩稽而抉择之，以确著论史之准的，张君其奋勉以赴之，余与薄海之人举跂踵以观其成也。丙戌仲夏蒙文通书于滄飂阁。

——据手稿整理

致柳翼谋（诒征）先生书

一九三四年九月

翼老著席：

奉读来教，知寿人兄允于明春入蜀，真为川大青年庆幸。文通暑期中在平，略读东莱、水心、龙川、止斋诸家书，欲以窥宋人史学所谓浙东云者。求唐书，惟得《帝王经世图谱》与《金华唐氏遗书》。全谢山曾于《永乐大典》中钞出说斋诗文，在平访之，友知皆云未见，不审江浙间犹有之否？伏乞有以指示。

窃以北宋之学，洛、蜀、新三派鼎立，浙东史学主义理、重制度，疑其来源即合北宋三派以冶于一炉者也。黄晋卿言：婺之学，陈氏先事功，唐氏尚经制，吕氏善性理，王道甫合于陈氏，陈君举与唐氏合，叶正则与吕氏同，于此可谓三派六宗乎？袁伯长亦言：婺源史学之盛有三家焉：东莱之学据经以考同异，龙川陈同甫急于当时之利害，说斋与政礼乐天人图书之会粹。黄、袁之说同，似浙东史学者，此三家其卓卓者；而说斋之集不可得见，诚使人引为憾事。读说斋《九经发题》，于《孟子》一篇，深得义理之正，不悖濂洛之旨，徒以与晦庵忤，遂为人轻，诚大可惜。若其《鲁军制九问》，本历史之见地，说经制之沿革，一贯真切，此类真非清代汉学考据家可几及。凡东莱、水心说制度皆类此，切事情而又得前人制法之意，尽有超越汉师处，乃清儒一概屏之，此真清代史学不讲之过。黄梨洲、全谢山世推浙东理学家，乃《学案》一书，于诸家史学不论及，而于学派源流亦若未晰。其书本义理，不及史学可也，而一归之为洛学之徒，其传于明初王、方，于其流亦足以见其源，而并以为朱之徒，恐黄、全于宋人浙东史学实有轻心处耳。

伊洛抗志孔孟，自卑汉唐；荆公推《周官》，欲以致君尧舜，亦卑汉唐；而浙东邃于史，则疑其非伊洛之举也。荆公重制度而贬《春秋》，伊洛一派重《春秋》。浙东学者重制度、说《周官》，其于《春秋》不徒以褒贬，又疑其非伊洛之传，而有接于新学之统也。

陈振孙言：王昭禹作《周礼详解》，其学皆宗王氏新说。王与之言：三山林氏之奇有《周礼全解》，祖荆公、昭禹所说，而东莱学于林之奇，林解《尚书》未完，东莱补之，则非泛泛传授。而之奇直租荆公，则浙东经制之学非远接王氏何耶？况吕大中父子实师王氏，亦汪玉山、林三山学所出，而东莱又师二子，此足明浙东制度之端绪也。（叶水心言：诸儒方为制度新学，钞记《周官》《左氏》汉唐官民兵财所以沿革不同，此指陈君举辈言之，新学当是正指荆公，此又一证也。）

程、王之学不谈史，而浙东之儒言之。王淮言朱熹为程学，陈同甫为苏学。《隐居通议》亦言水心欲合周、程、欧、苏之裂。朱子亦曰：伯恭生怕人说异端俗学之非，护苏氏尤力。此见浙东史学与苏气脉之相关。

盖二苏自谓家学，以古今成败得失为议论之要，其学自本乎史。叶水心谓李氏《续通鉴》，《春秋》以后才有此书。而李心传《系年录》，实祖《续通鉴》。牟子才《读书次第》云：要把二岩书贯穿。谓巽岩与秀岩二李氏。黄晋卿言：渡江后，蜀之文章萃于东南，牟氏父子为蜀士之望，擅文章之柄而雄视乎东南者，大理（巘）一人而已。隆山（应龙）世其家业，有闻于史学，学者有所不知，必之先生而考质焉。于前朝制度之损益，故家文献之源流，如指诸掌。盖苏以史学为本，而二李为蜀中史学之冠，牟氏得李氏心传史学端绪（宋濂语）以入浙，浙中学者被其风，宗法苏、李，遂与伊洛之义理、荆公之制度合而为一途。金华之传，文章之士尤多，明宗苏之效乎？

苏天爵序《柳贯集》曰：南渡吕成公、薛季宣、郑景望、陈傅良、蔡幼学、叶正则、陈同甫各能自名家，皆有文以表见于世。其为文也，本诸圣贤之经，考求汉唐之史，凡天文、地理、井田、兵制、郊庙之礼乐、朝廷之官仪，下至族姓、方技，莫不稽其沿袭，究其异同。此见浙东之文章本之经史，以义理、考证润饰辞翰，其末流亦大率如此，倘本之蜀者，尤多合北宋三派以为一者也。而又小别有三，若以流弊言之，凡明以来之策论派，刘、苏之余波；纲目书法，此则义理说之余波；宋末缀辑制度之作，后亦流为类书。斯见北宋三派，萃于一则震烁古今，其末流则言多粪土也。诚以南渡后胡马窥江，故中国文物皆粹于东南，所以能成此绝学也。

秋初学年开始定课，遂不揣浅妄，拟授中国史学史一门，于六朝史学拟讨其体制，于宋则拟就《宋元学案》中提出有关系五六学案，而以各家文集之有关文字选以补入，溯其源为前编，及于北宋三派；竟其流为后编，及于宋濂、王祎，以完一宗本末。学俭识短，故陈其妄于左右，希详加教正，使误失稍鲜。而《唐说斋集》全氏所辑者，尤幸能得之。王道甫（自中）有《厚轩文集》，亦思求之。或于《名臣奏议》《宋文范》之类求得数篇否？

窃以中国史学惟春秋、六朝、两宋为盛，余皆逊之。于此三段欲稍详，余则较略。每种学术代有升降，而史学又恒由哲学以策动，亦以哲学而变异。哲学衰而史学亦衰，《国风》熄而《国语》兴，由《左》《国》观之，实由多数畸形之史体编辑而成。六代精于史体，勤于作史；宋人深于史识，不在作史而在论。六朝人往往不能作志，为之者亦勤于缀拾而短于推论。宋人则长于观变而求其升降隆污之几。若代修官书，及文人偶作小记，固未足以言史也。间有能者，而未蔚成风气，偶焉特出之才，不能据以言一代之学。子长、子玄、永叔、君实、渔仲，誉者或嫌稍过，此又妄意所欲勤求一代之业而观其先后消息之故，不乐为一二人作注脚也。伏冀谅其浅妄而详以诲之。

又东莱《大事记》之通释、解题，意在通经、子、集部以观世变，王祎续之，此亦浙东一派之传也。其书亦不见，未知可以踵武东莱否？江南可访其书耶？诸希赐示。来教以亲为公之说，精辟异常。天下为公者，儒墨所同，以亲为公者，墨所独创。可谓一言而定千载之纷、决两家之辨，无任佩快。

特此上达，敬颂撰安。　　　　　　　蒙文通拜上　七日

赞虞、幼南两兄同此候好

——原载《中国历史文献研究集刊》第二集，湖南人民出版社

1981 年

又东莱《大事记》之通释、解题，意在通经、子、集部以观世变，王袆续之，此亦浙东一派之传也。其书亦不见，未知可以踵武东莱否？江南可访其书耶？诸希赐示。来教以亲为公之说，精辟异常。天下为公者，儒墨所同，以亲为公者，墨所独创。可谓一言而定千载之纷、决两家之辨，无任佩快。

特此上达，敬颂撰安。　　　　　　　蒙文通拜上　七日

赞虞、幼南两兄同此候好

——原载《中国历史文献研究集刊》第二集，湖南人民出版社
1981 年